Jutta Riedel-Henck

12 Weihnachtslieder

für ein bis drei Ukulelen

Stimmung: g-c-e-a

Melodie (Noten und TAB)
Akkordsymbole
Liedtexte
Schlagmuster (TAB)
Zupfbegleitung (TAB)

Fingerstyle solo und 2. Stimme
(Noten und TAB)

Kompost-Verlag

Autorin

Jutta Riedel-Henck, geb. am 22. Juli 1961 in Aachen, Studium der Musikwissenschaft und Pädagogik in Hamburg, Dozentin in der Kinder- und Erwachsenenbildung, freie Autorin mit eigenem Verlag, Musikerin und Liedermacherin.

Im Oktober 2013 erschien von ihr im selben Verlag der Band *33 Volkslieder für ein bis drei Ukulelen*, Ringbuch, DIN A4, 132 Seiten, 22 EUR, ISBN 978-3-9802341-7-7.

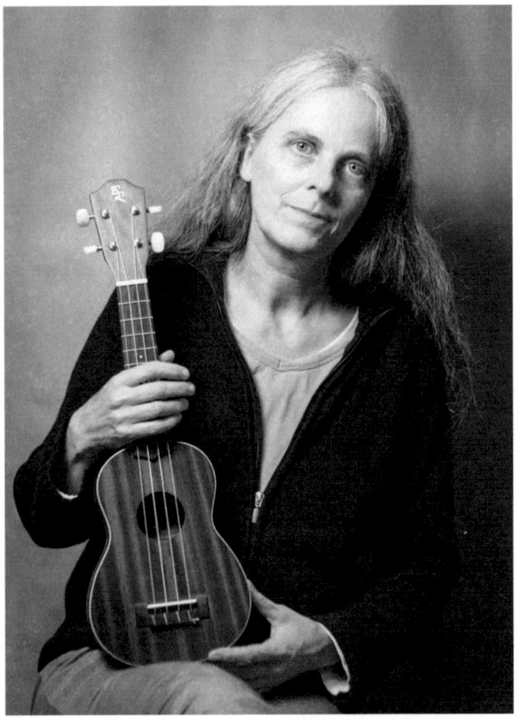

Zu diesem Buch gibt es Audio-Dateien als Download im mp3-Format für € 4,– im Internet-Shop des Kompost-Verlages.

Cover-, Autoren-Foto und Illustrationen: Jana Henck
www.jana-henck.de

Satz, Layout und Gestaltung: Jutta Riedel-Henck

2., leicht korrigierte Auflage
Deinstedt, Juli 2015

www.kompost-verlag.de

ISBN 978-3-945793-04-6

Inhalt

Einführung

Mit der Ukulele auf dem Schoß blätterte ich in meinen Liederbüchern auf der Suche nach Melodien, die sich ohne komplizierte Fingerakrobatik auf dieses handliche Instrument übertragen ließen. Fingerstyle Soli sollten aus den gegriffenen Akkorden der unteren Lage ohne große Sprünge erreichbar sein.
Die Idee, zu den Solostücken eine zweite Stimme zu komponieren, entstand während des gemeinsamen Übens mit meiner Tochter. Es lag nahe, die Instrumental-Versionen durch mit Liedtexten unterlegte Melodien zu ergänzen, Akkordsymbole einzufügen und passende Schlag- und Zupfmuster zu notieren.
So gibt es nun verschiedene Möglichkeiten der klanglichen Umsetzung: Melodie mit Zupf- und/oder Schlagbegleitung, instrumentales Solo und Duett.
Natürlich lassen sich die Lieder, abhängig von der Stimmlage der Musizierenden, auch singen. Bei allen Liedarrangements eignet sich zudem die zweite Solo-Stimme als vierter Ukulelenpart.

Die Reihenfolge der Weihnachtslieder ist alphabetisch geordnet. Es gibt leichte Stücke, Zupf- und Anschlagsmuster und solche, die etwas mehr Übung bedürfen.

Auf Fingersätze habe ich – mit wenigen Ausnahmen – verzichtet, um die Notation nicht zu überfrachten, aber auch, da jede/r Spieler/in persönliche Vorlieben hat. Es fördert die Kreativität, sich das ein und andere selbst zu erarbeiten oder bei Bedarf zu verändern. Noten sind Brücken und Gedankenkrücken, die erst durch den spielenden Menschen zu Leben erweckt werden.

Bei Notensatz und Layout musste ich gemäß den Möglichkeiten und Grenzen der Software Kompromisse eingehen. Guitar Pro 6.0 bietet keine deutschen Abkürzungen für den Fingersatz der Zupf-/Schlaghand. Ich habe hier die spanische Bezeichnung gewählt und bei den Hinweisen ihre deutsche Übersetzung.

Zeilenzahl und Aufteilung der Takte sind bei Solo und zweiter Stimme identisch, um die Verständigung der Spieler/innen zu vereinfachen, worunter das Notenbild manchmal leidet. Bei den Liedarrangements könnte es hilfreich sein, die einzelnen Stimmen zu Beginn der Zeile farblich zu markieren, um nach dem Umbruch nicht versehentlich in einer anderen Stimme zu landen. Für das vierstimmige Spiel mit zweiter Solostimme zum Lied-Arrangement empfiehlt sich die Anfertigung einer Kopie.

Nun hoffe ich, dass Sie beim Erkunden, Ausprobieren, Üben und Singen ebenso viel Freude haben wie ich beim Suchen, Arrangieren und Präsentieren der hier zusammengestellten Lieder, die trotz ihrer Einfachheit auf besondere Weise unverwechselbar liebenswürdig klingen und wunderbar mit der kleinen, fröhlich stimmenden Ukulele harmonieren.

Jutta Riedel-Henck, November 2013

Abkürzungen

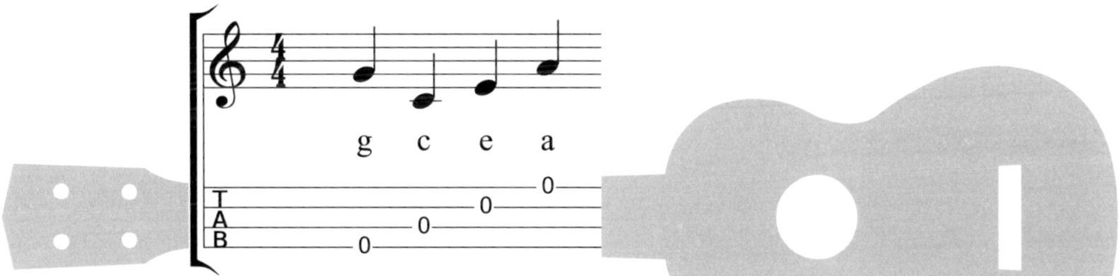

TABulatur: Vier Linien symbolisieren die vier Saiten der Ukulele in der Stimmung g-c-e-a (von unten nach oben).

Die Saiten werden in Pfeilrichtung zum Schwingen gebracht.

Abschlag **Aufschlag**

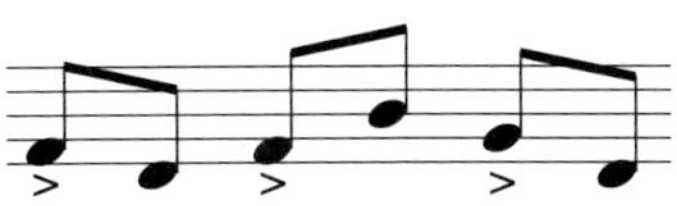

Der Rhythmus wird durch herkömmliche Notenschrift vermittelt.
Noten mit **Akzent >** werden stärker betont.

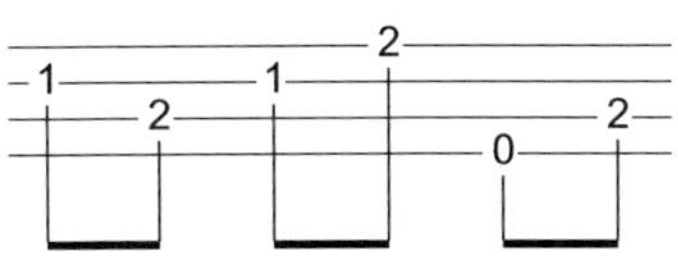

Ziffern kennzeichnen den Bund, in dem die Saite auf das Griffbrett gedrückt wird.
Bei einer 0 bleibt die Saite »leer«, d. h. ungegriffen.

Schlangenlinien symbolisieren ein **Arpeggio**, bei dem die Saiten nicht gleichzeitig, sondern nacheinander in Pfeilrichtung gezupft werden.

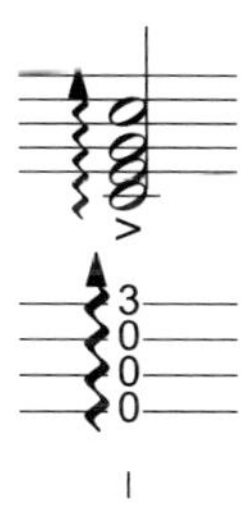

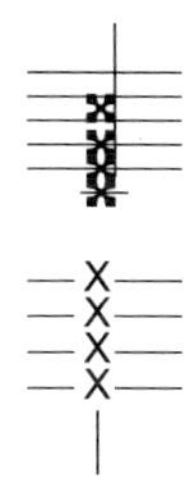

Percussive, auf unterschiedliche Weise **gedämpfte Töne**, werden als x notiert.

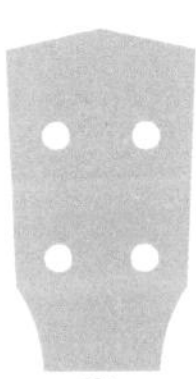

|: Diese (Liedtext-) Zeile wird einmal **wiederholt**. :|

C

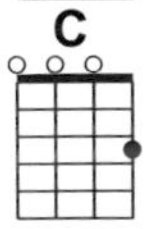

Griffdiagramm für den Akkord C-Dur.
An der Stelle des schwarzen Punktes wird die Saite auf das Griffbrett gedrückt.
Hier im 3. Bund auf der obersten Saite (A-Saite).
Der kleine Kreis am oberen Ende bedeutet, dass die leere Saite mit angeschlagen wird (bei einem x bliebe sie stumm).

Fingersatz Zupf-/Anschlagshand:
Spanisch *Deutsch*
p pulgar: **D**-aumen
i indice: **Z**-eigefinger
m medio: **M**-ittelfinger
a anular: **R**-ingfinger
q meñique: K-leiner Finger

Cm

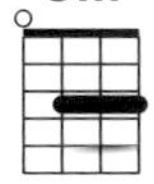

Hier werden die drei mit dem **Balken** verbundenen Saiten mit nur einem Finger (meist der Zeigefinger) als »Barré« im dritten Bund gegriffen.

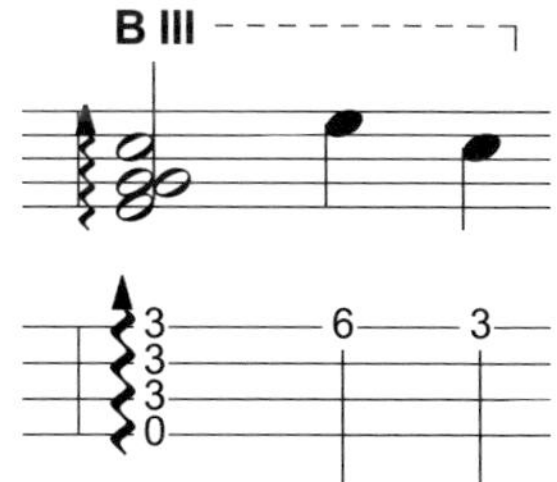

B: Barré
(Römische Ziffer) III: 3. Bund

Der Balken-Finger bleibt im 3. Bund auf den oberen drei Saiten bis zum Ende der gestrichelten Klammer liegen.

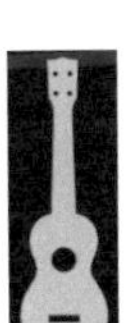

Eine stehende oder liegende Ukulele kennzeichnet **Hinweise** zur Spieltechnik, Zeichenerklärungen oder sonstige Tipps.

Alle Jahre wieder

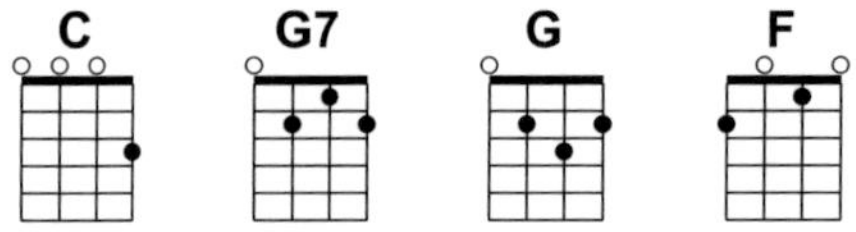

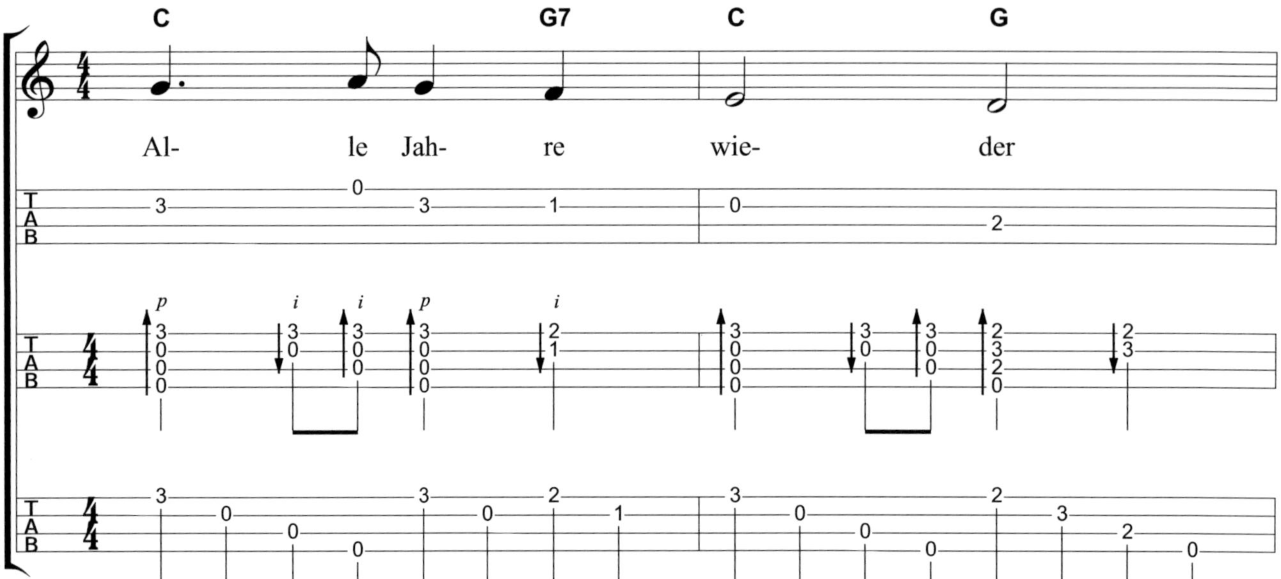

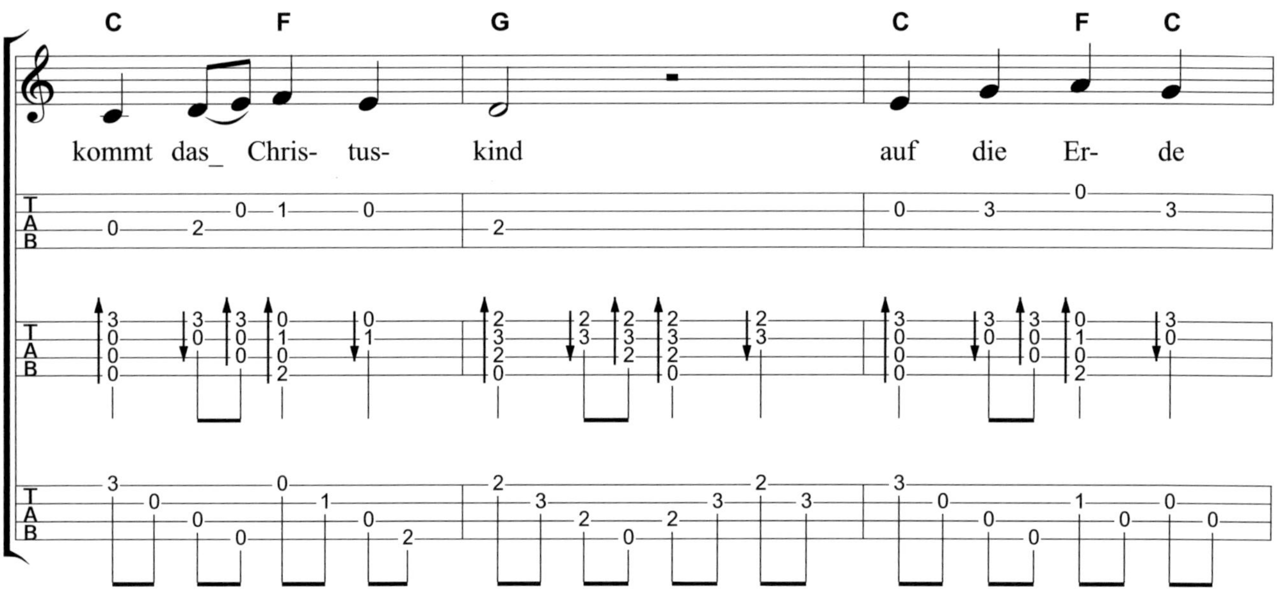

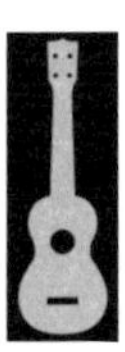

Die verkürzten Pfeile auf den unbetonten Taktteilen der Schlagbegleitung deuten an, welche Saiten beim Ab- bzw. Aufschlag zum Klingen gebracht werden. Dabei geht es mehr um die Tendenz und weniger um genaues Abzählen der angeschlagenen Saiten, so dass ein stärkerer Kontrast zwischen betont und unbetont entsteht.

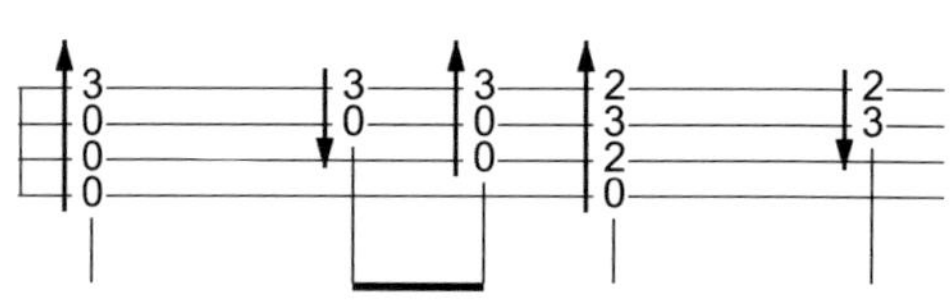

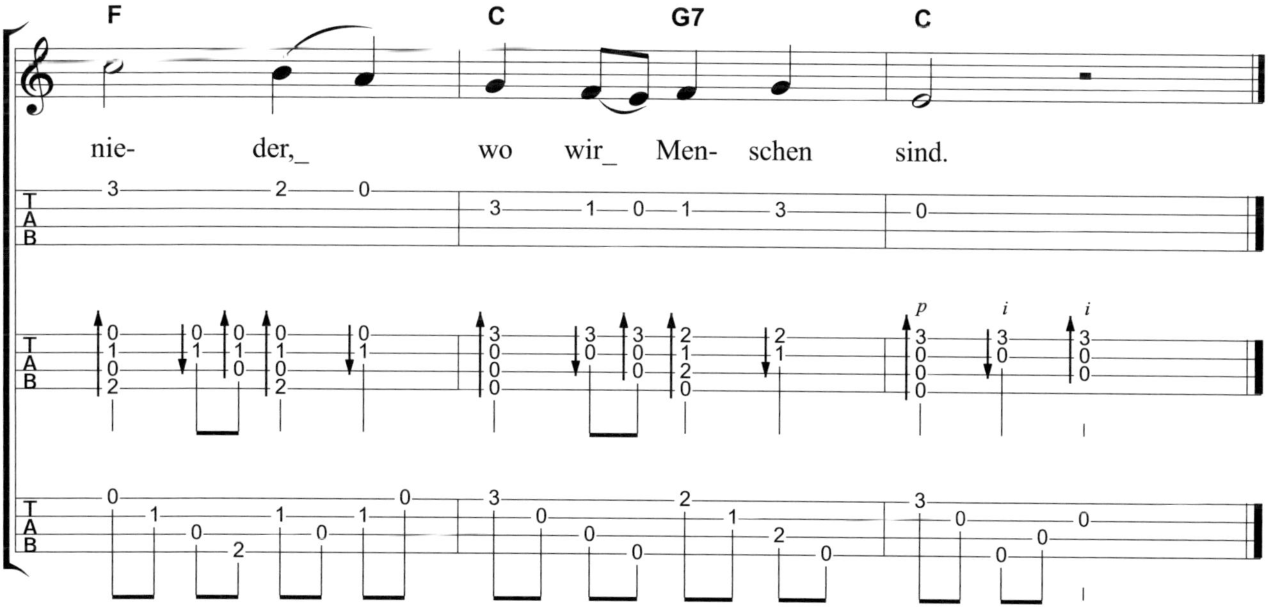

1. Alle Jahre wieder kommt das Christuskind
   auf die Erde nieder, wo wir Menschen sind.

2. Kehrt mit seinem Segen ein in jedes Haus,
   geht auf allen Wegen mit uns ein und aus.

3. Steht auch mir zur Seite, still und unerkannt,
   dass es treu mich leite an der lieben Hand.

Melodie: Friedrich Silcher (1789–1860), 1842; Text: Wilhelm Hey (1789–1854), 1837.

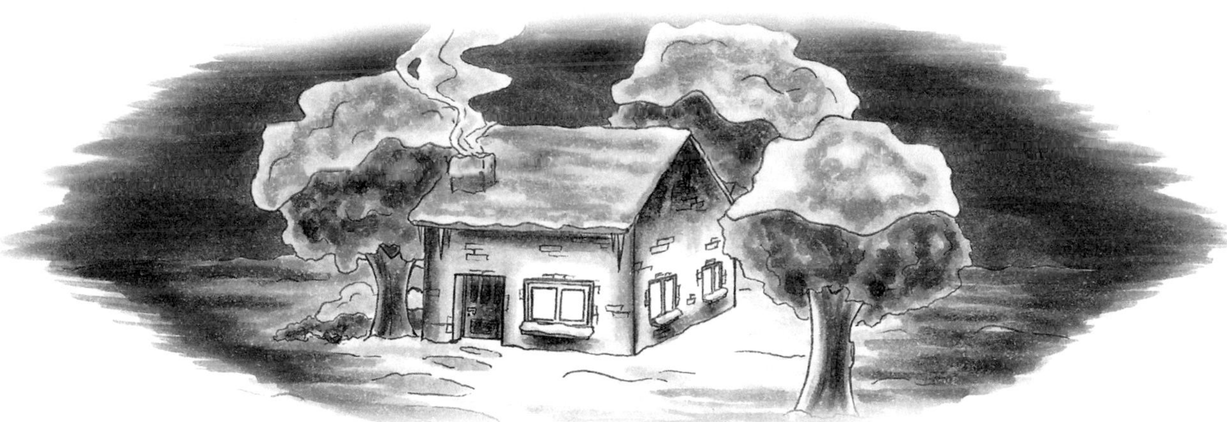

Alle Jahre wieder

solo / 1. Stimme

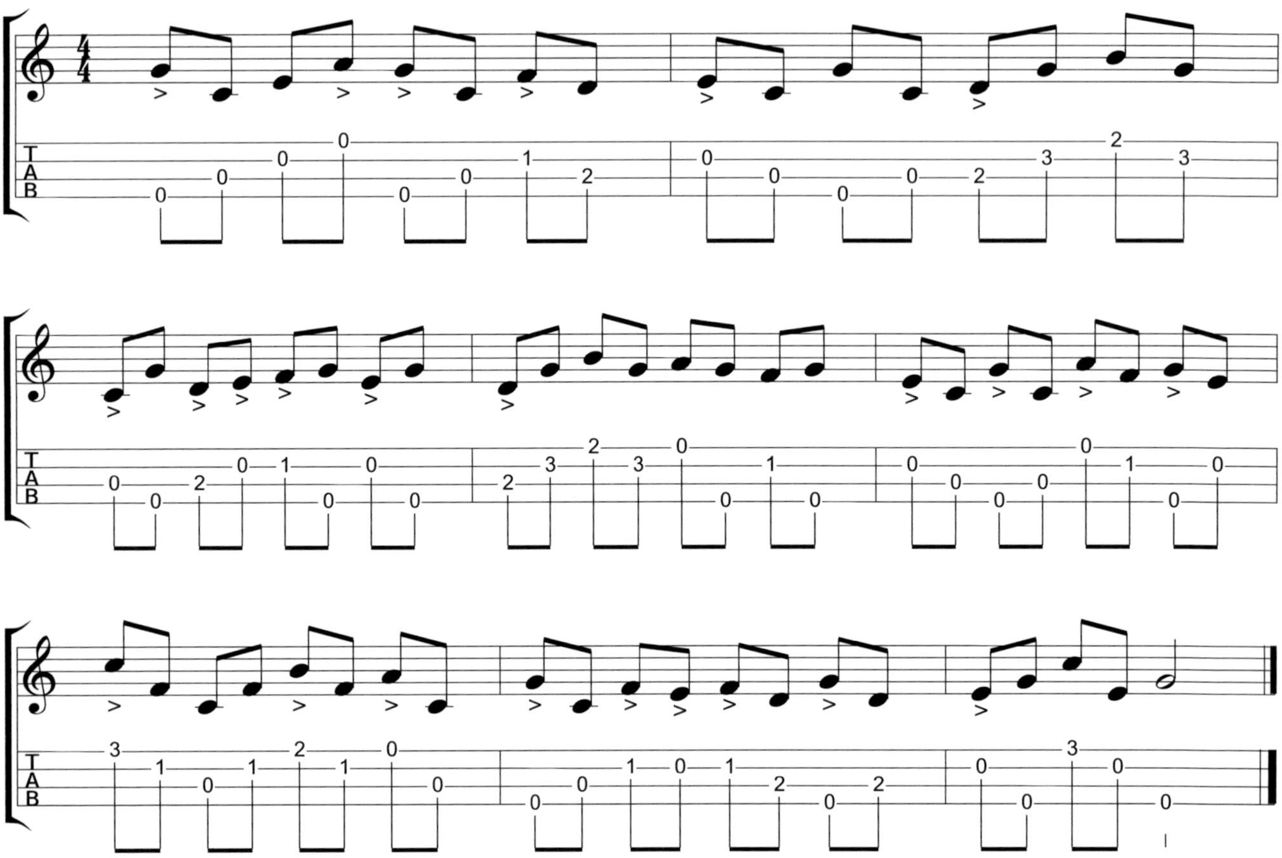

In dieser fließenden Achtel-Bewegung verstecken sich die Melodietöne, die mit dem Akzent-Zeichen **>** versehen sind und einer stärkeren Betonung bedürfen als die Zwischentöne.
Das g' wird mal mit dem Daumen auf der leeren G-Saite, mal mit dem Mittelfinger auf der im 3. Bund gegriffenen E-Saite gezupft (siehe auch: Hinweis auf S. 30).

Alle Jahre wieder

2. Stimme

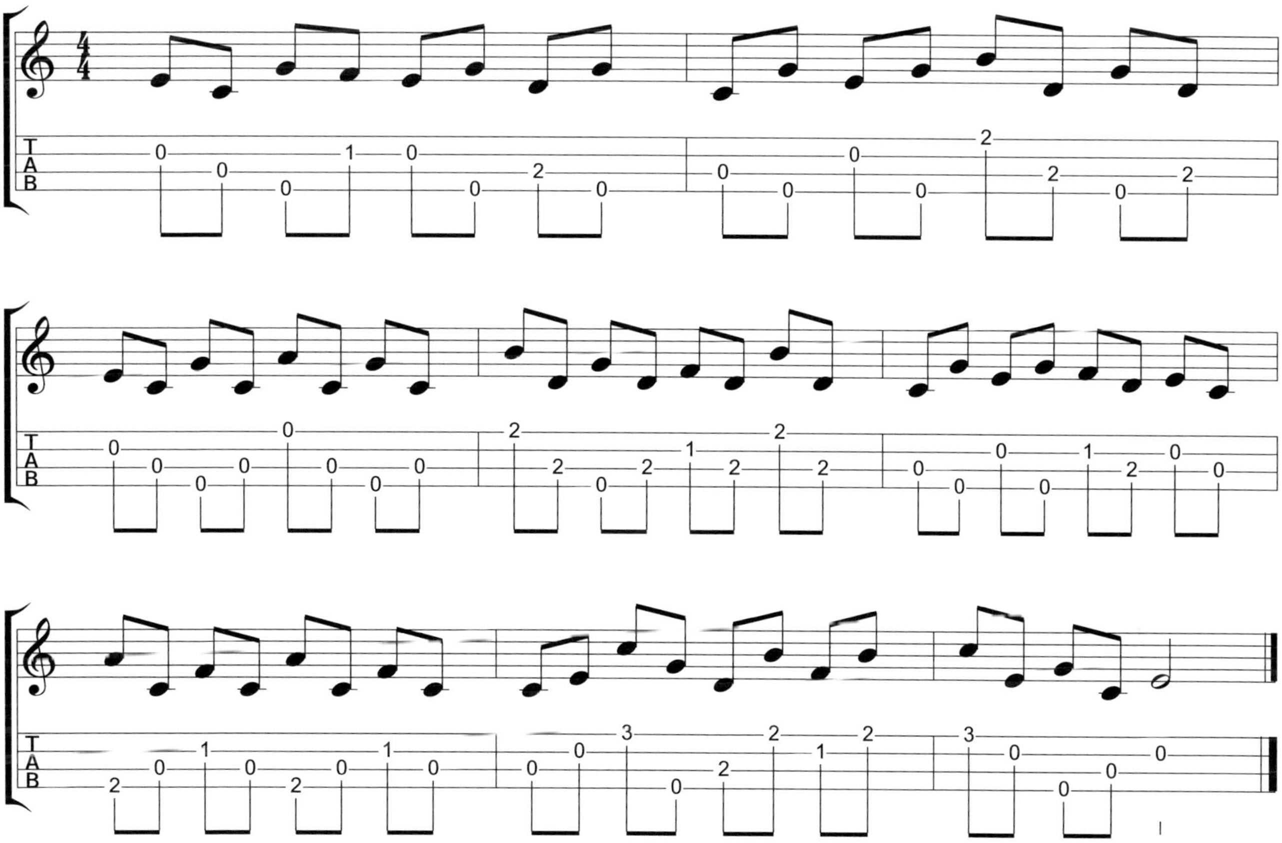

Auch als 2. Stimme oder alternative Zupfbegleitung zu Melodie und Arrangement auf S. 6-7 geeignet.

As I sat on a sunny bank

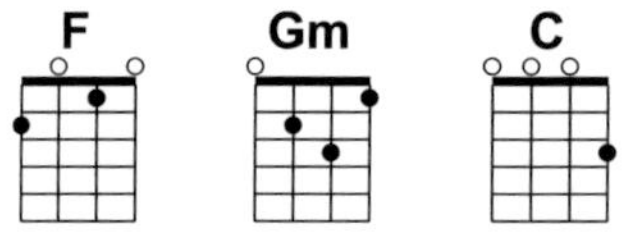

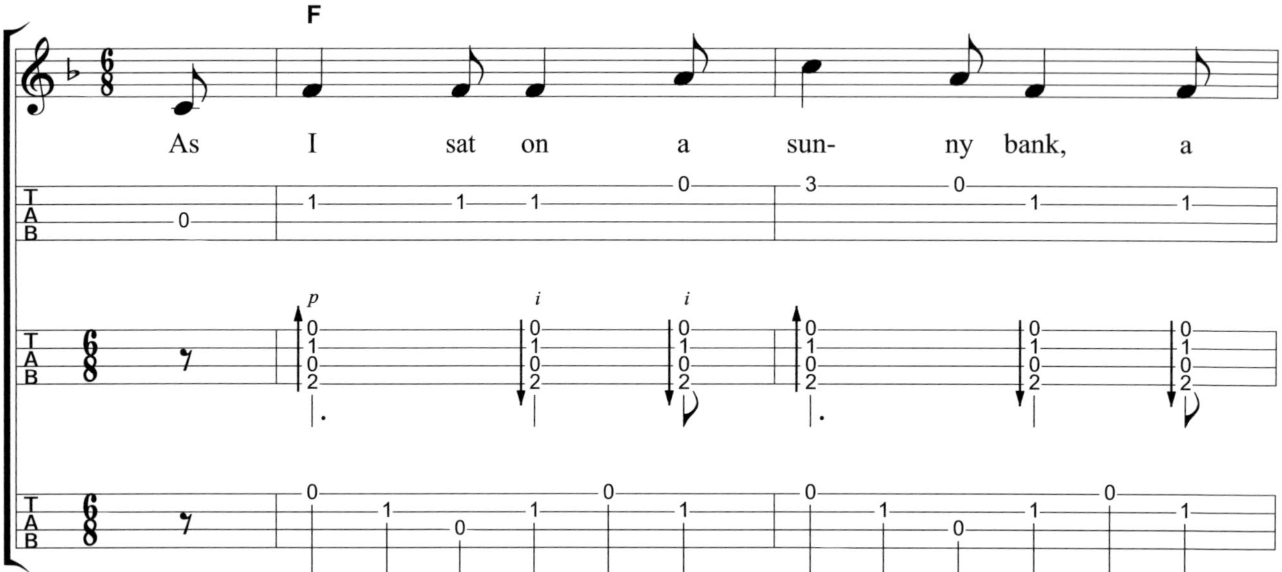

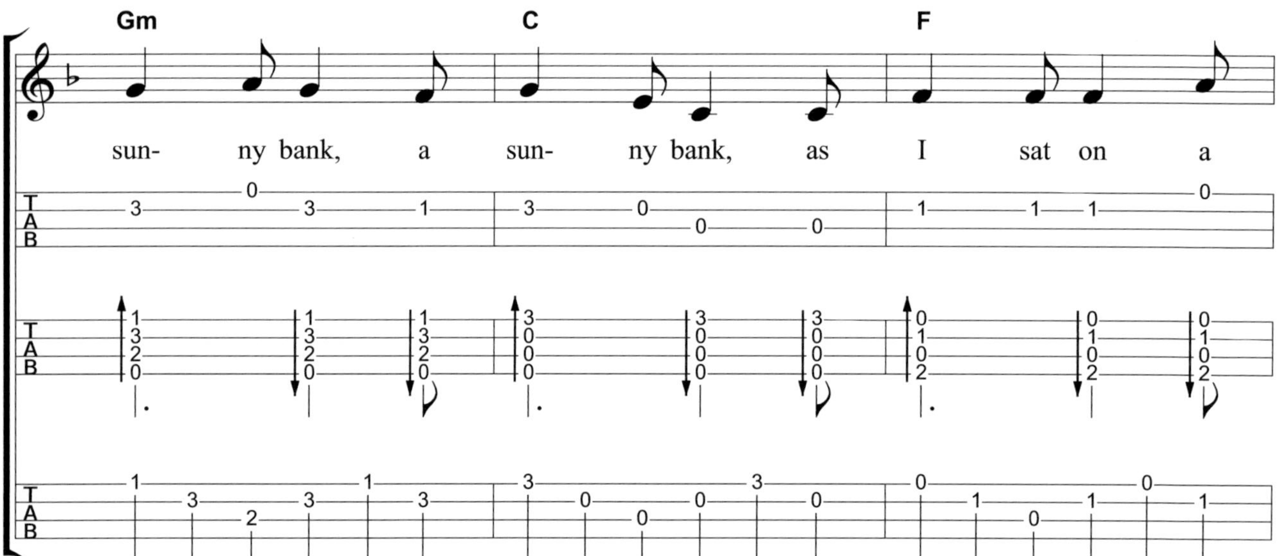

Der 6/8-Takt setzt sich aus zwei 3er-Gruppen zusammen. Ihre Schwerpunkte liegen auf der 1. (Daumen-Abschlag) und 4. Achtel, welche durch den Zeigefinger-Aufschlag etwas schwächer betont wird.
Die Zupfbegleitung kann sowohl mit Daumen, Zeige- und Mittelfinger als auch mit Zeige-, Mittel- und Ringfinger gespielt werden.
Zu diesem Arrangement passt auch die 2. Stimme auf S. 12.

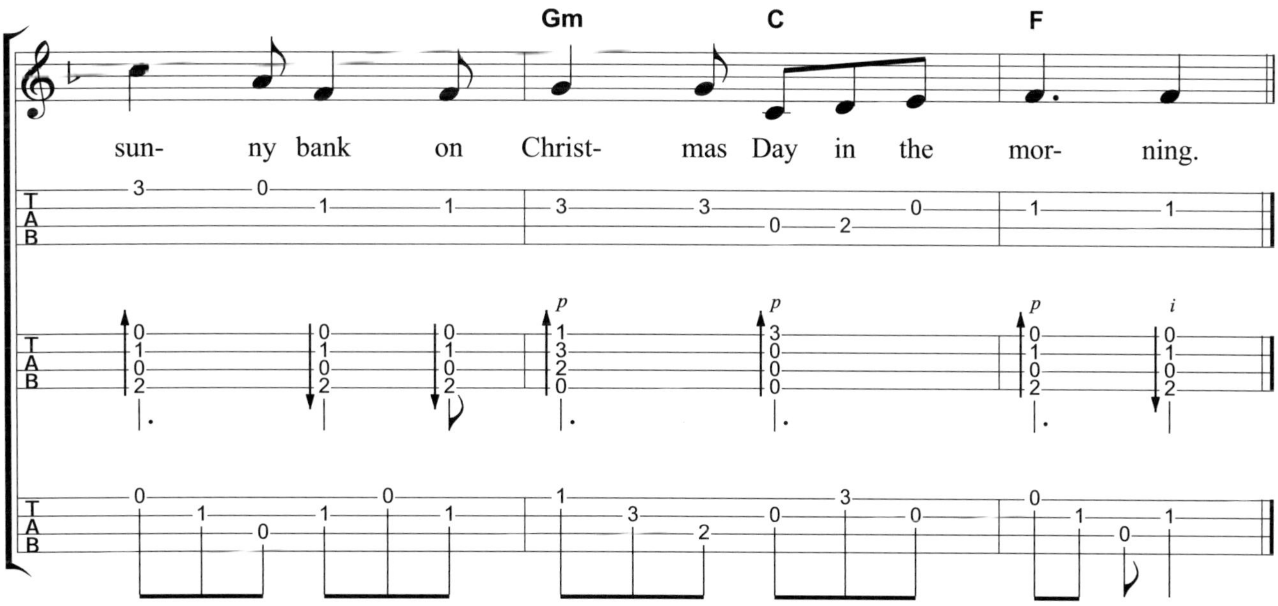

1. As I sat on a sunny bank,
   a sunny bank, a sunny bank,
   as I sat on a sunny bank
   on Christmas Day in the morning.

2. I saw three ships come sailing in, …
   on Christmas Day in the morning.

3. And who d'you think were on the ship, …
   but Joseph and his fair lady.

4. O he did whistle and she did sing,
   and all the bells on earth did ring,
   for joy our Saviour Christ was born
   on Christmas Day in the morning.

5. And all the angels in heaven did sing, …
   on Christmas Day in the morning.

Volkslied aus England

As I sat on a sunny bank

solo / 1. Stimme

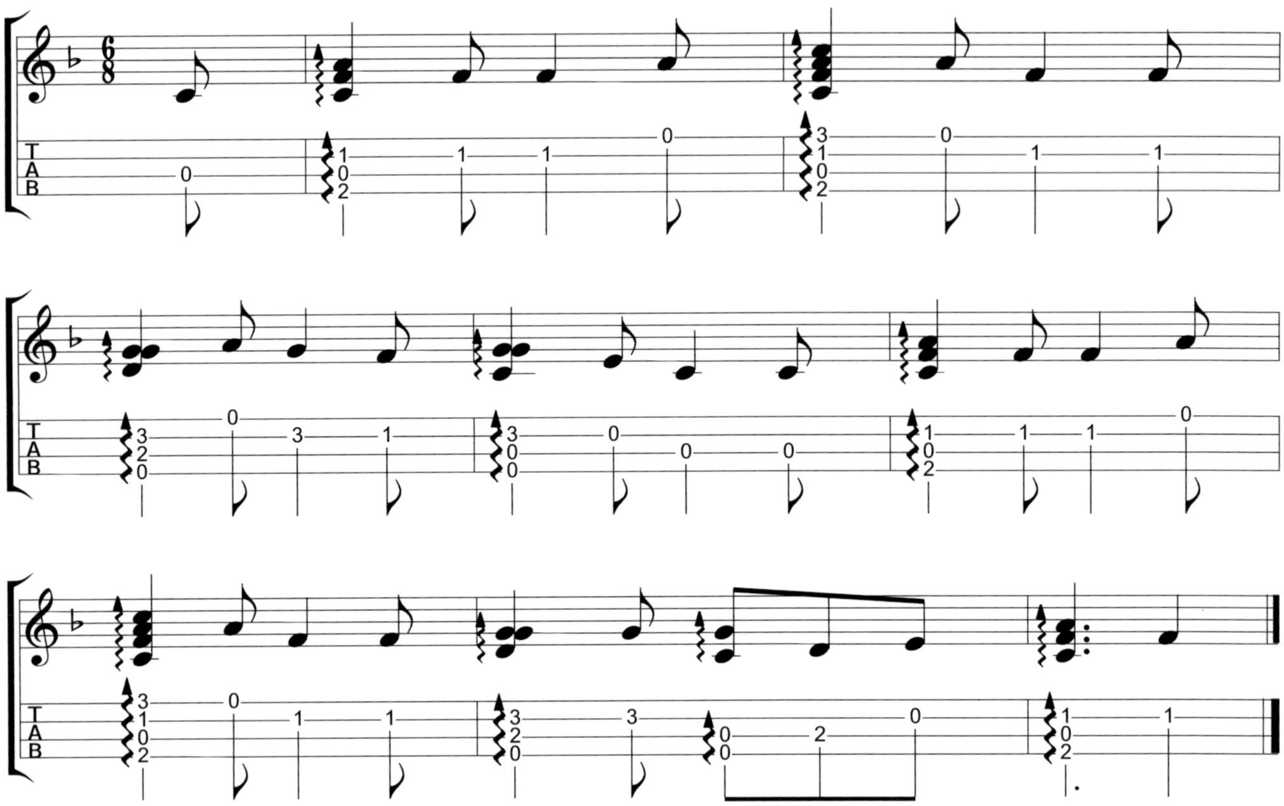

2. Stimme

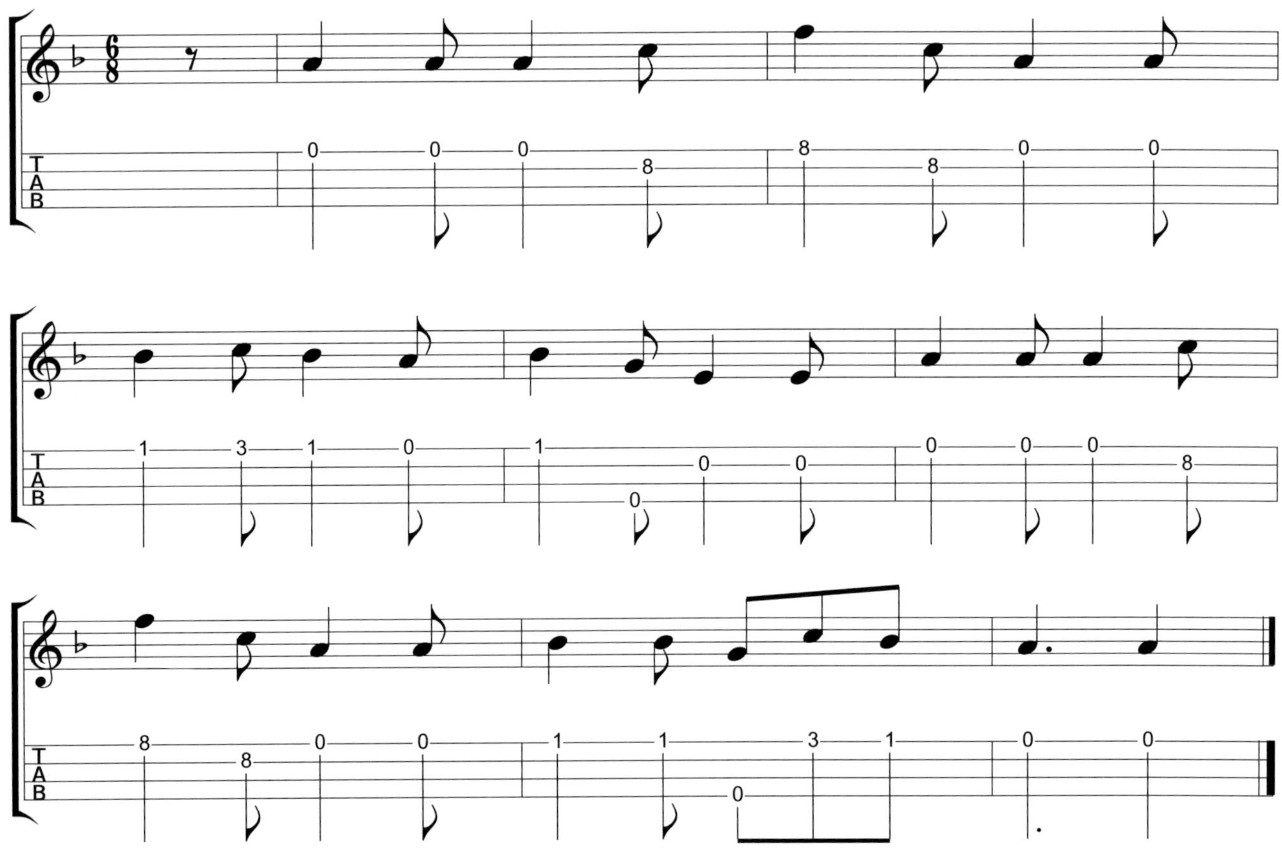

Es kommt ein Schiff, geladen

solo / 1. Stimme

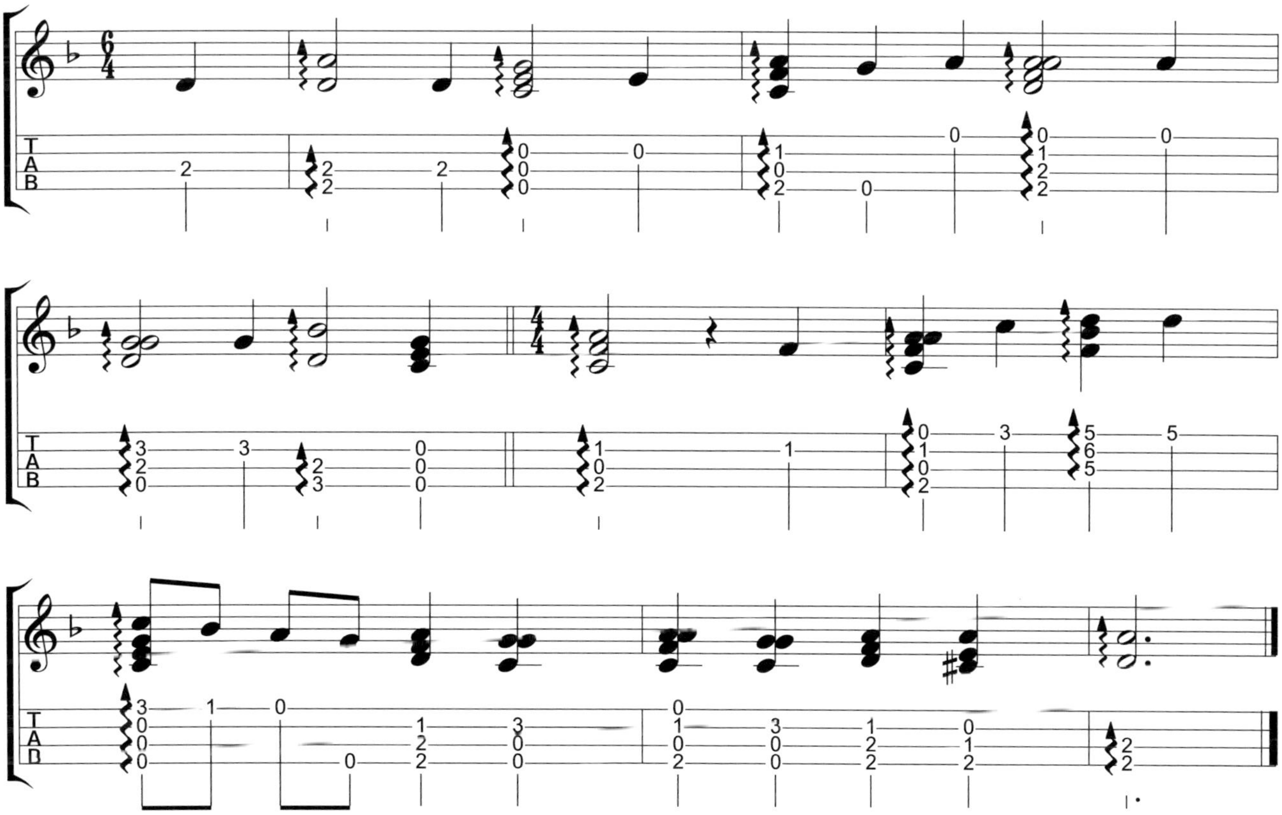

2. Stimme

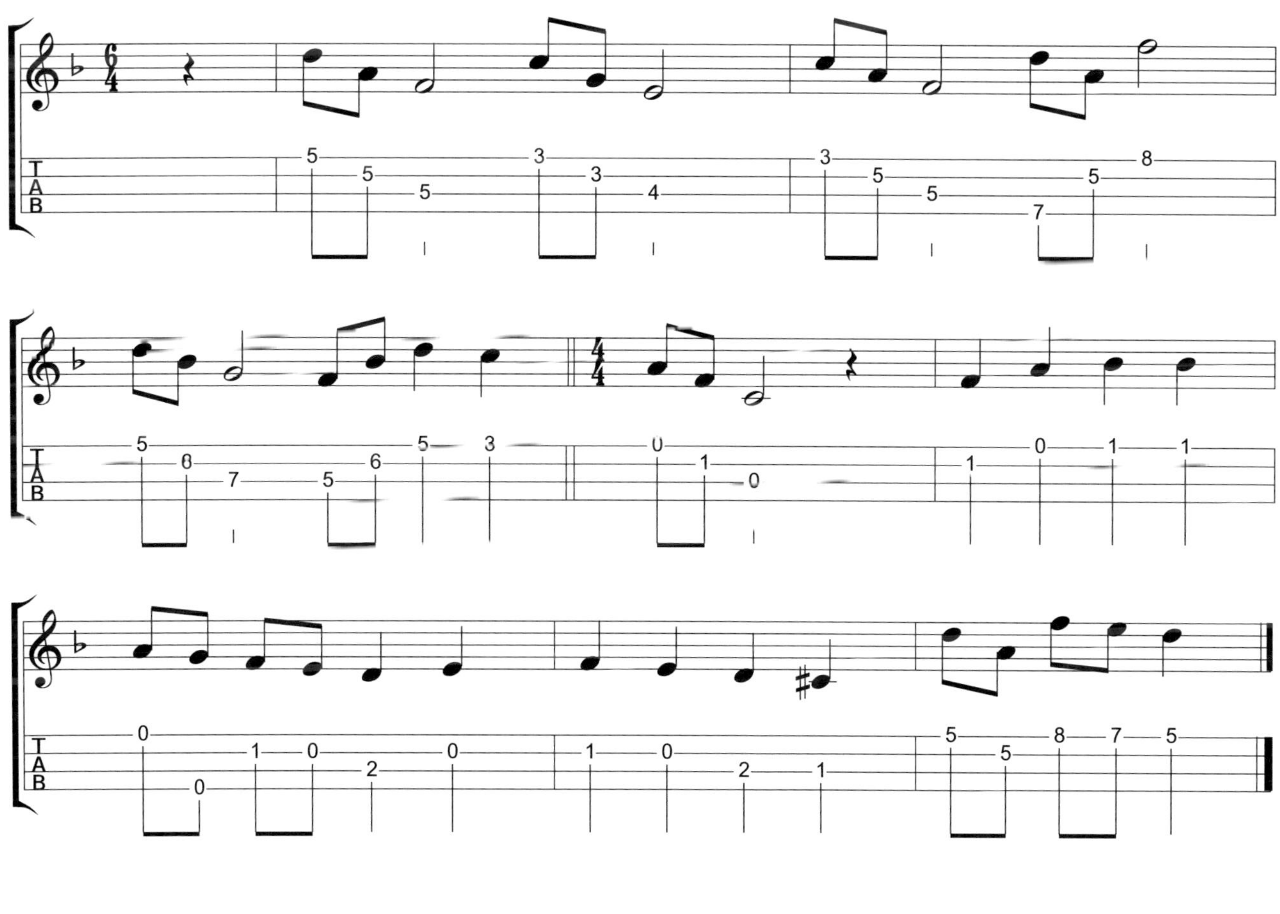

Es kommt ein Schiff, geladen

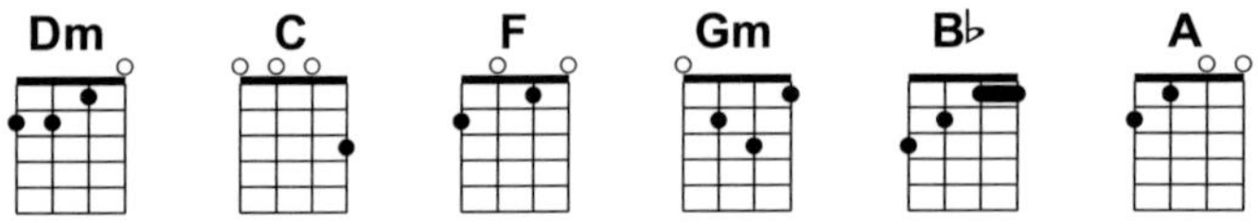

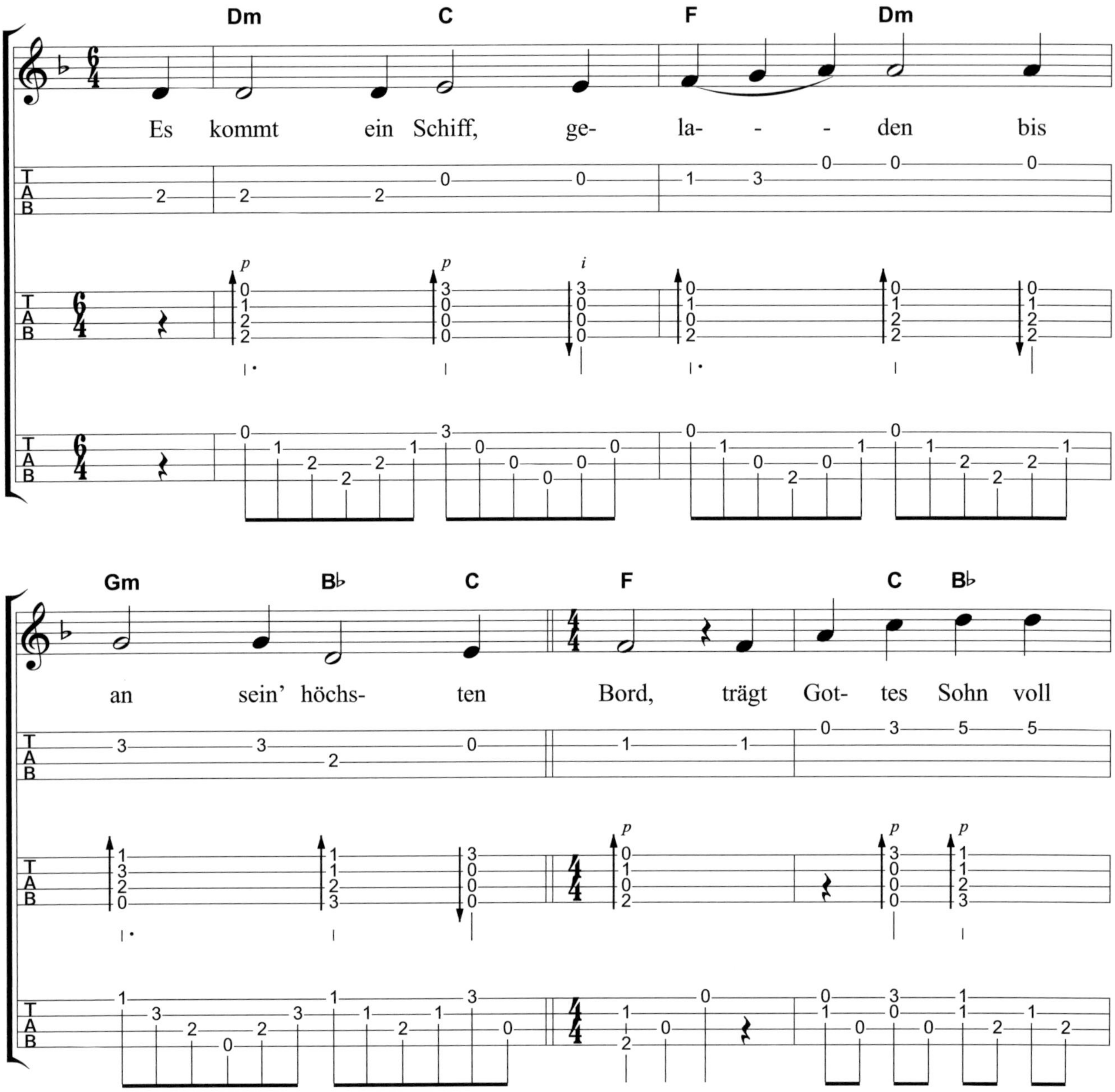

Die Schlag-Begleitung des 6/4-Taktes setzt sich aus zwei 3er-Gruppen zusammen. Ihre Schwerpunkte liegen auf den Daumen-Abschlägen, während die 1. Viertel etwas stärker betont wird als die 4. Viertel.
Der 4/4-Takt, zu dem im Lied gewechselt wird, erhält durch die Akkordwechsel einen gleichmäßig schreitenden Charakter ohne die für ihn typischen Betonungsmuster (1 2 3 4) und bringt den Inhalt des Textes musikalisch zum Ausdruck: »trägt Gottes Sohn voll Gnaden ...«.
Zu diesem Arrangement kann auch die 2. Stimme auf S. 13 gespielt werden.

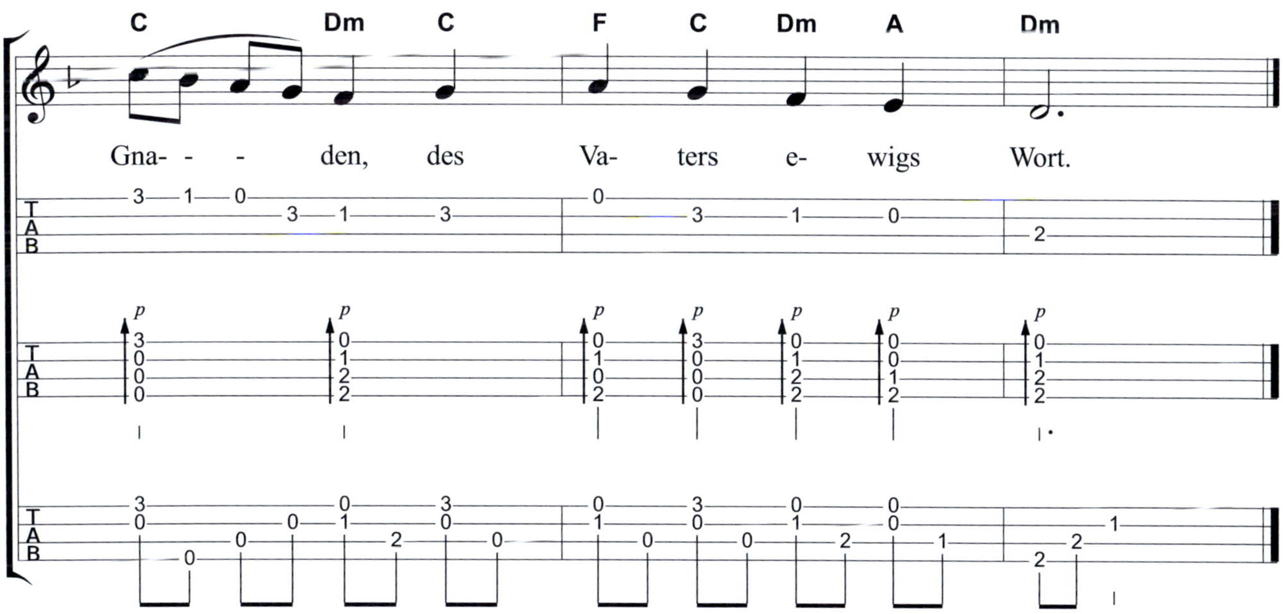

1. Es kommt ein Schiff, geladen
   bis an sein' höchsten Bord,
   trägt Gottes Sohn voll Gnaden,
   des Vaters ewigs Wort.

2. Das Schiff geht still im Triebe,
   es trägt ein teure Last;
   das Segel ist die Liebe,
   der Heilig Geist der Mast.

3. Der Anker haft' auf Erden,
   da ist das Schiff am Land.
   Das Wort tut Fleisch uns werden,
   der Sohn ist uns gesandt.

4. Zu Bethlehem geboren
   im Stall ein Kindelein,
   gibt sich für uns verloren;
   gelobet muss es sein.

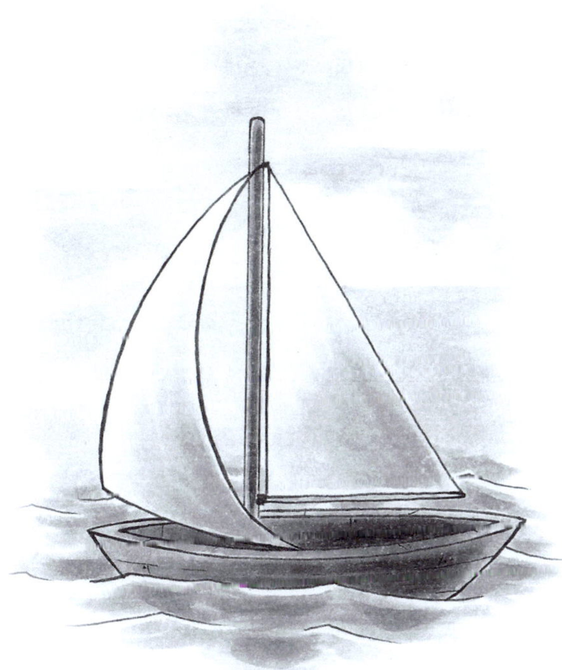

Melodie: Volksweise aus Andernach, 1608; Text: Daniel Sudermann (1550–1631), 1626.

God rest you merry, gentlemen

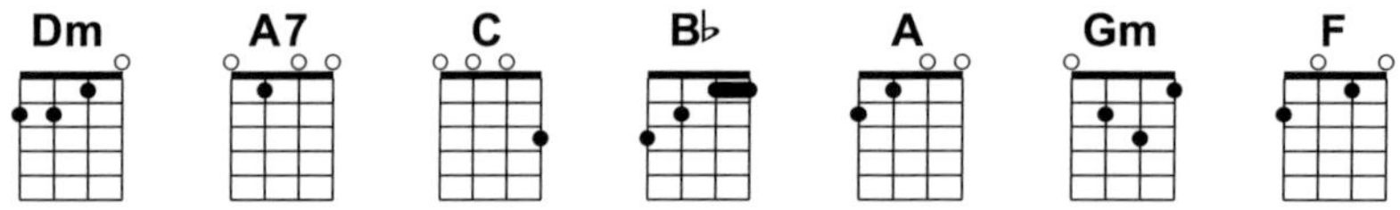

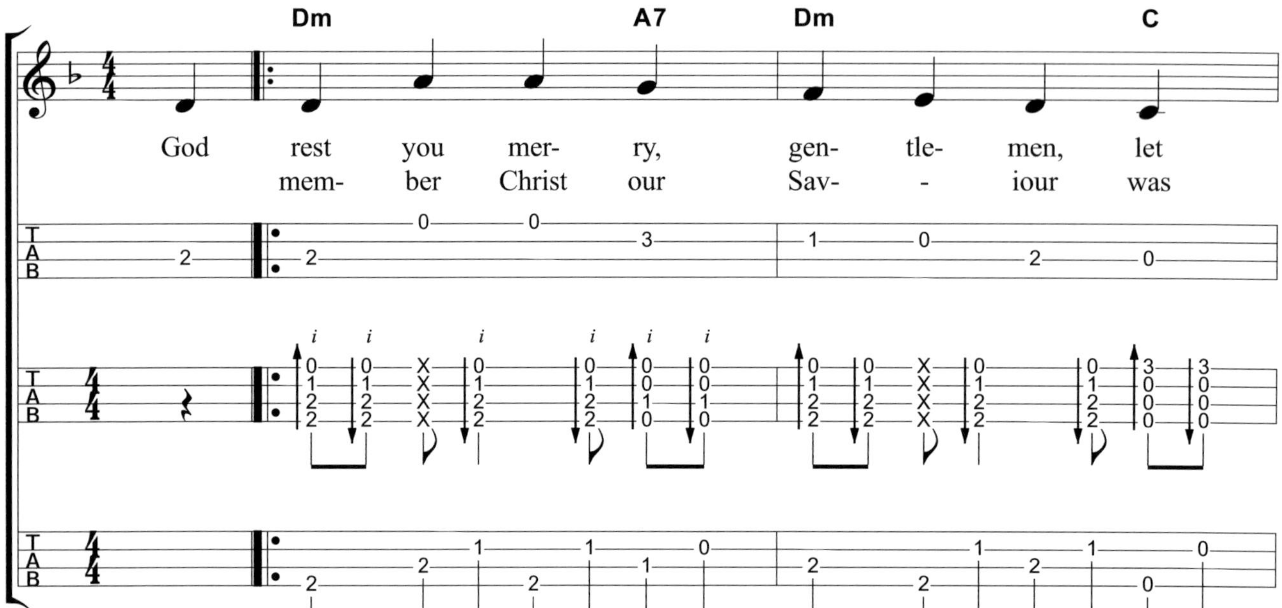

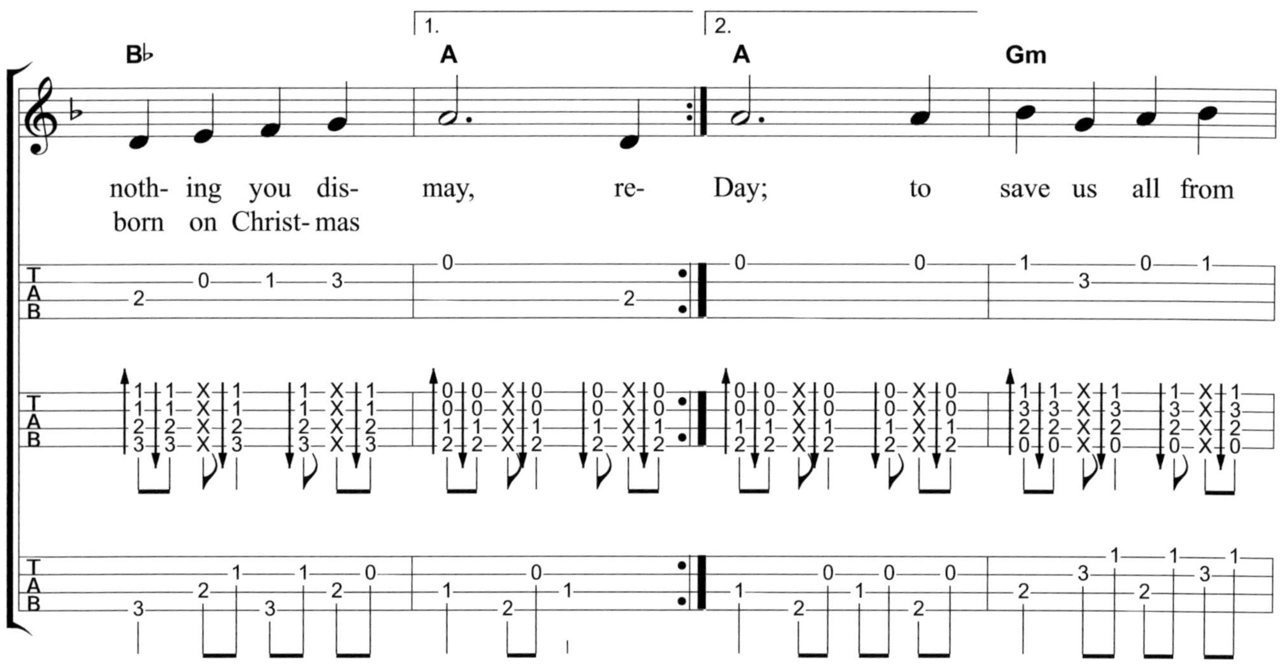

Bei den x-Notenköpfen wird mit der Innenseite der offenen Hand auf die Saiten und Resonanzdecke geschlagen, so dass ein Percussion-Sound entsteht.

Für die Zupfbegleitung empfiehlt sich als Fingersatz ein zwischen den benachbarten Saiten wechselnder Daumen plus Mittel- *oder* Zeigefinger:

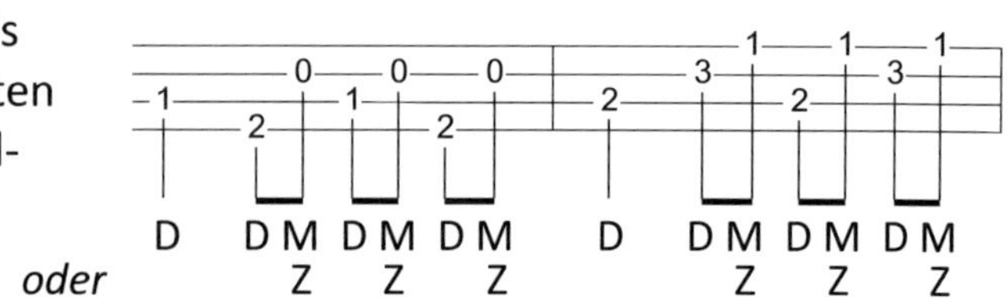

Zu diesem Arrangement kann auch die 2. Stimme auf S. 19 gespielt werden.

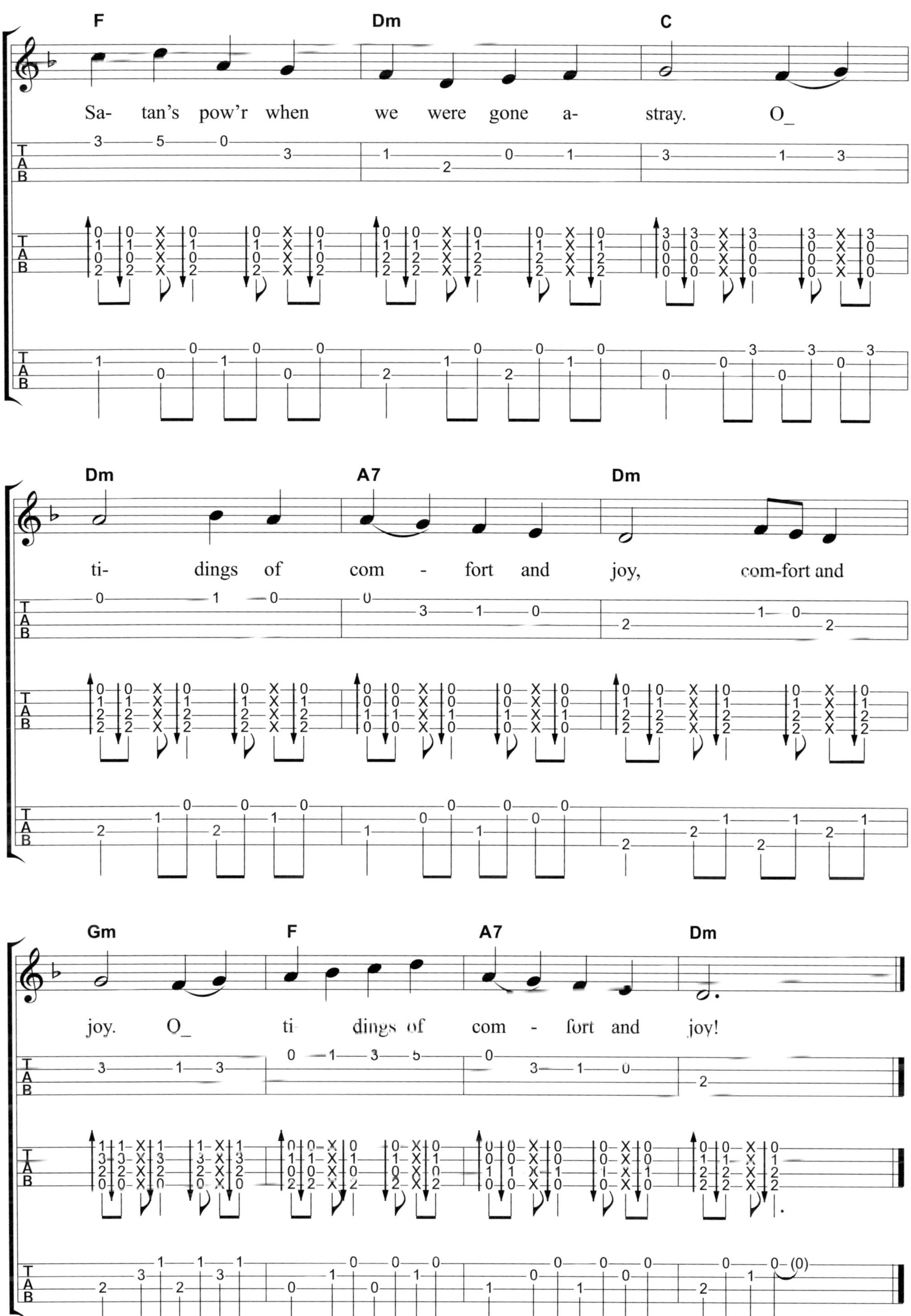

Liedtext auf S. 18-19

God rest you merry, gentlemen

solo / 1. Stimme

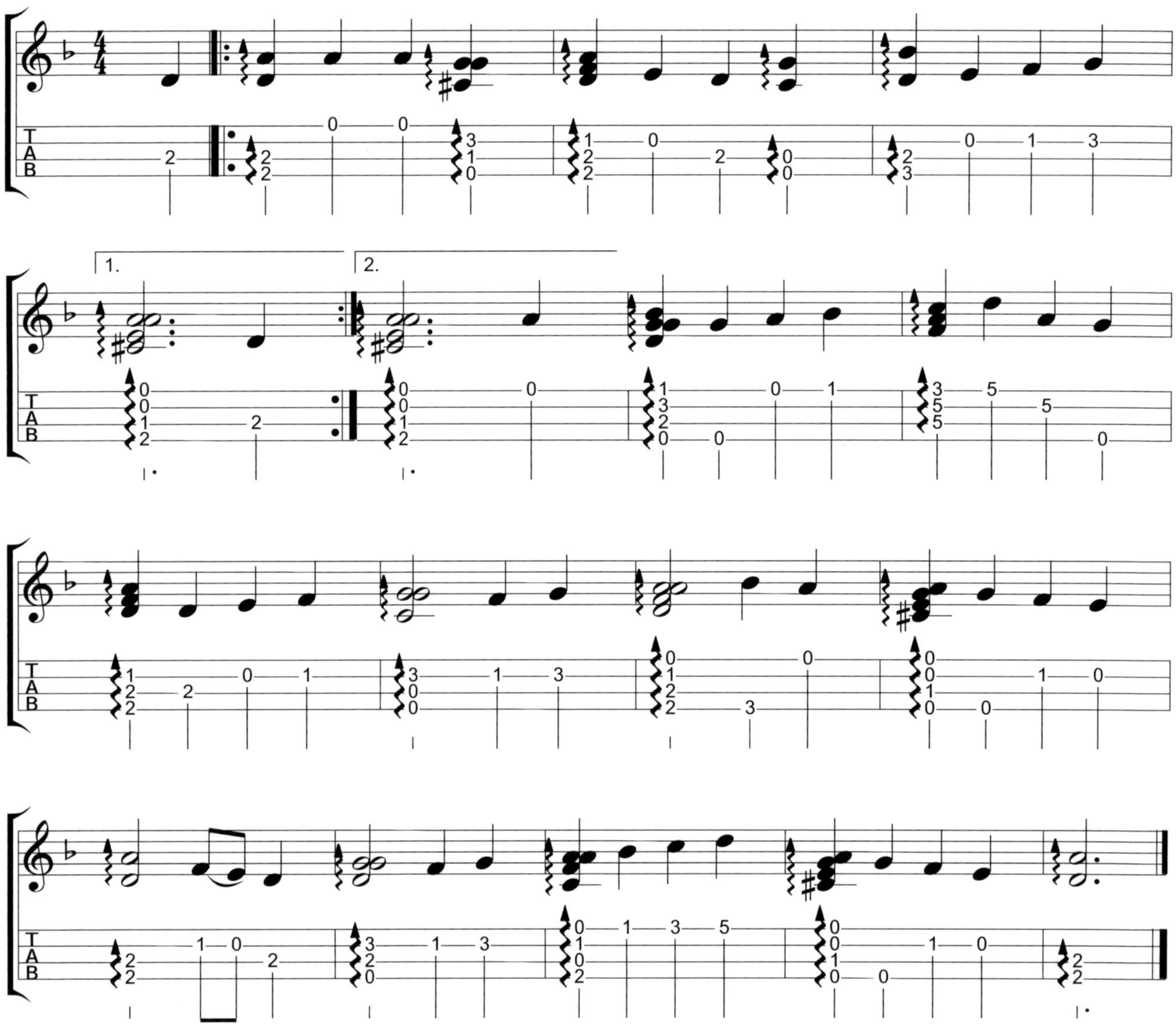

1. God rest you merry, gentlemen,
let nothing you dismay,
remember Christ our Saviour
was born on Christmas Day
to save us all from Satan's pow'r
when we were gone astray.
O tidings of comfort and joy,
comfort and joy.
O tidings of comfort and joy!

2. From God our heav'nly Father
a blessed angel came,
and unto certain shepherds
brought tidings of the same,
how that in Bethlehem was born
the Son of God by name.
O tidings of comfort and joy,
comfort and joy.
O tidings of comfort and joy!

Traditionelles Weihnachtslied aus England, erste Veröffentlichung 1833 in »Christmas Carols Ancient and Modern« von William Sandys (1792–1874).

God rest you merry, gentlemen
2. Stimme

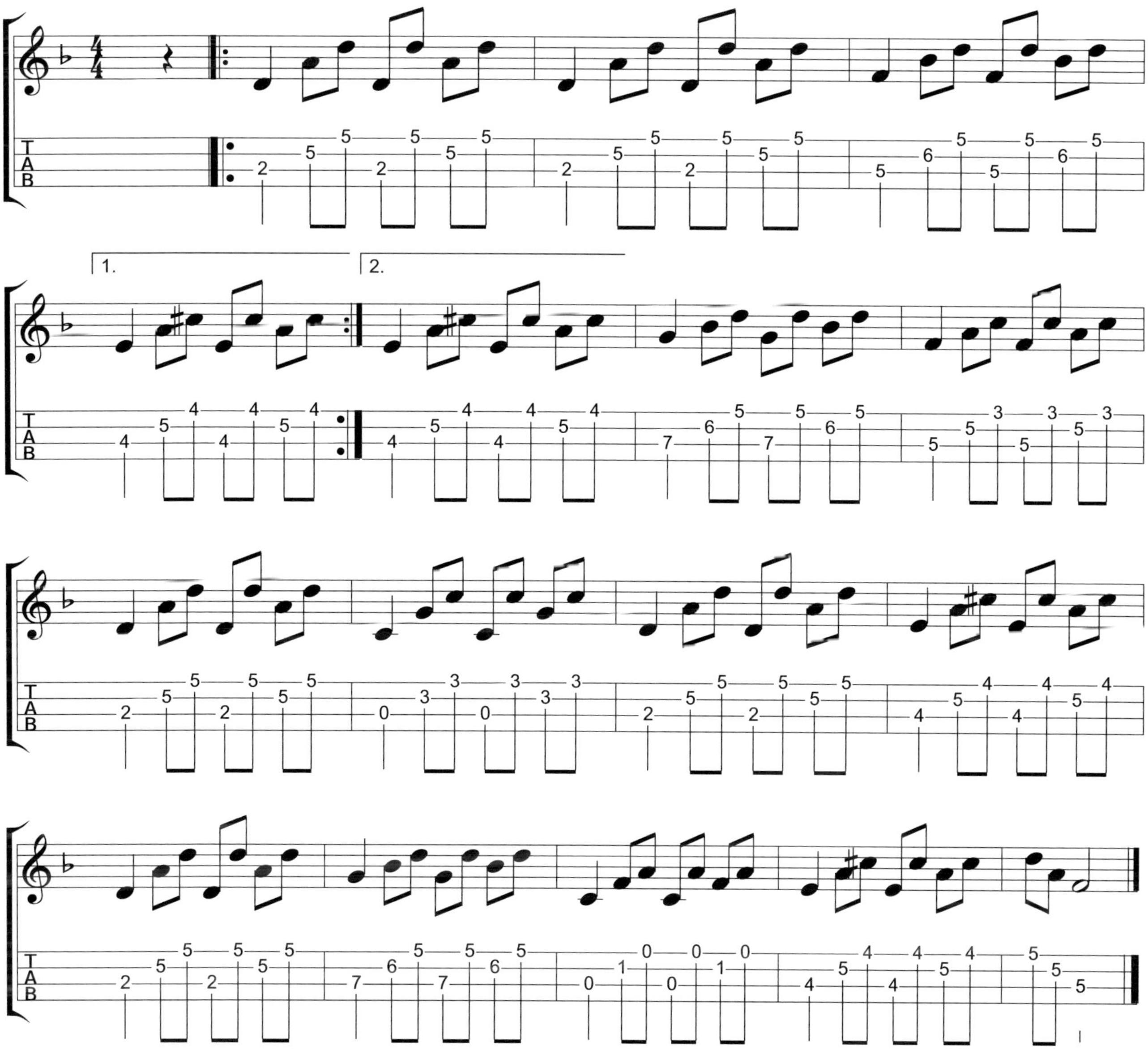

3. »Fear not, then,« said the angel,
»let nothing you affright;
this day is born a Saviour
of a pure virgin bright,
to free all those who trust in him
from Satan's pow'r and might.«
O tidings of comfort and joy,
comfort and joy.
O tidings of comfort and joy!

4. Now to the Lord sing praises,
all you within this place,
and with true love and charity
each other now embrace;
this holy tide of Christmas
is filled with heav'nly grace.
O tidings of comfort and joy,
comfort and joy.
O tidings of comfort and joy!

Hört der Engel helle Lieder

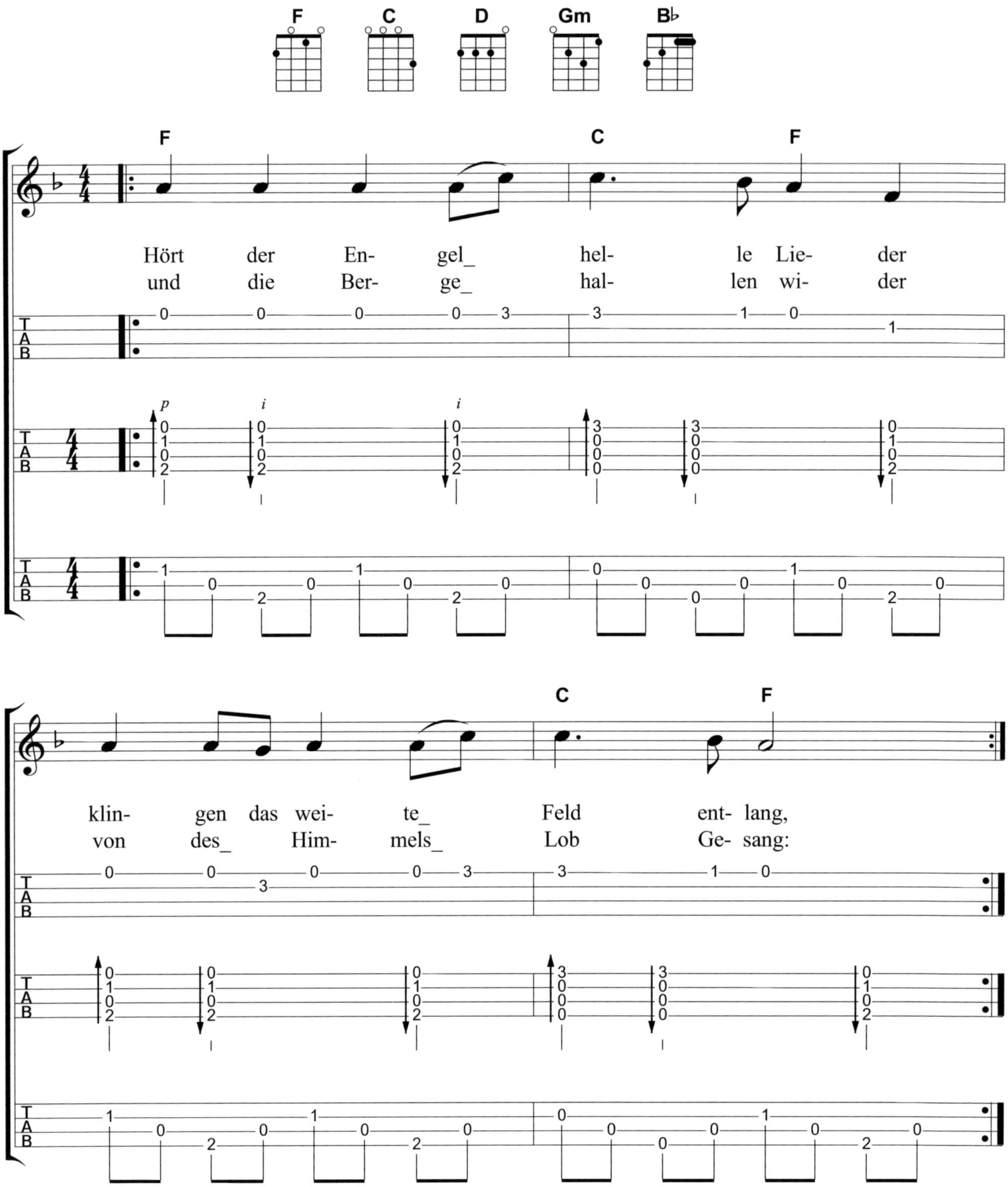

1. Hört der Engel helle Lieder
klingen das weite Feld entlang,
und die Berge hallen wider
von des Himmels Lob Gesang:

Gloria, in excelsis Deo!
Gloria, in excelsis Deo!

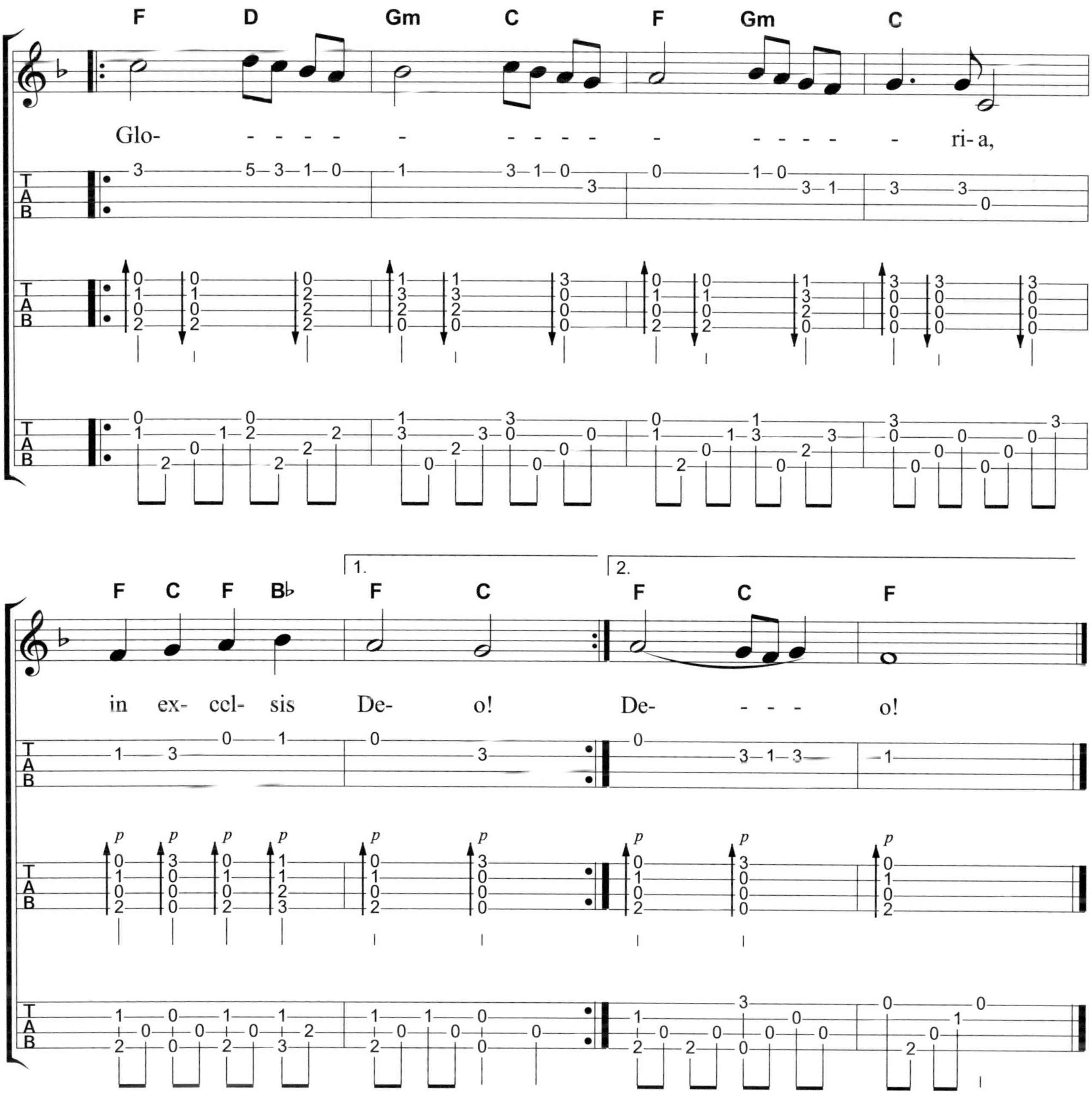

2. Singen uns in frohen Klängen,
Flügel schwingend, sanft und schön,
dass wir Menschen, frei von Sorgen,
Glück und Liebe in allem sehn!
Gloria, in excelsis Deo!
Gloria, in excelsis Deo!

3. Wir sind alle Teil der Schöpfung,
Liebe, Kraft und Zuversicht
schenken uns'ren Herzen Lösung,
zünden an ein Friedenslicht.
Gloria, in excelsis Deo!
Gloria, in excelsis Deo!

Nach dem französischen Lied »Les anges dans nos campagnes« aus dem 18. Jahrhundert; deutscher Text: 1. Strophe von Heinrich Friedrich Otto Abel (1824–1854); 2. und 3. Strophe von Jutta Riedel-Henck, 2013.

Hört der Engel helle Lieder

solo / 1. Stimme

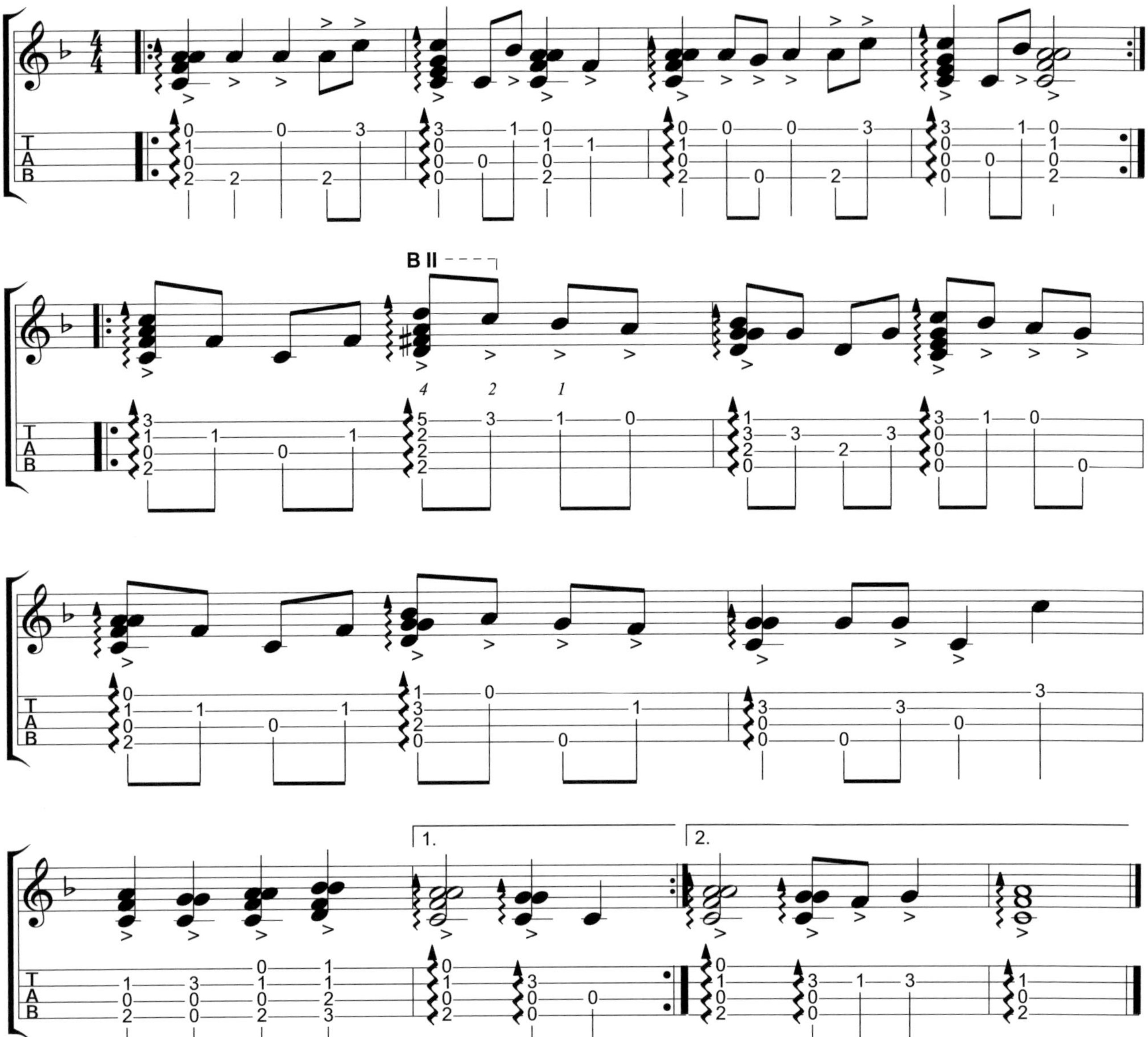

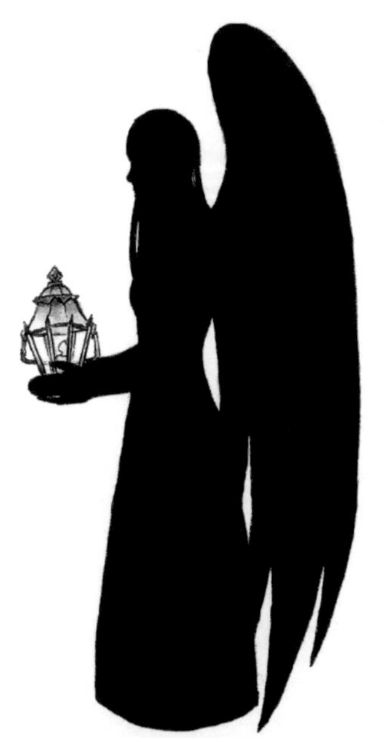

Hört der Engel helle Lieder
2. Stimme

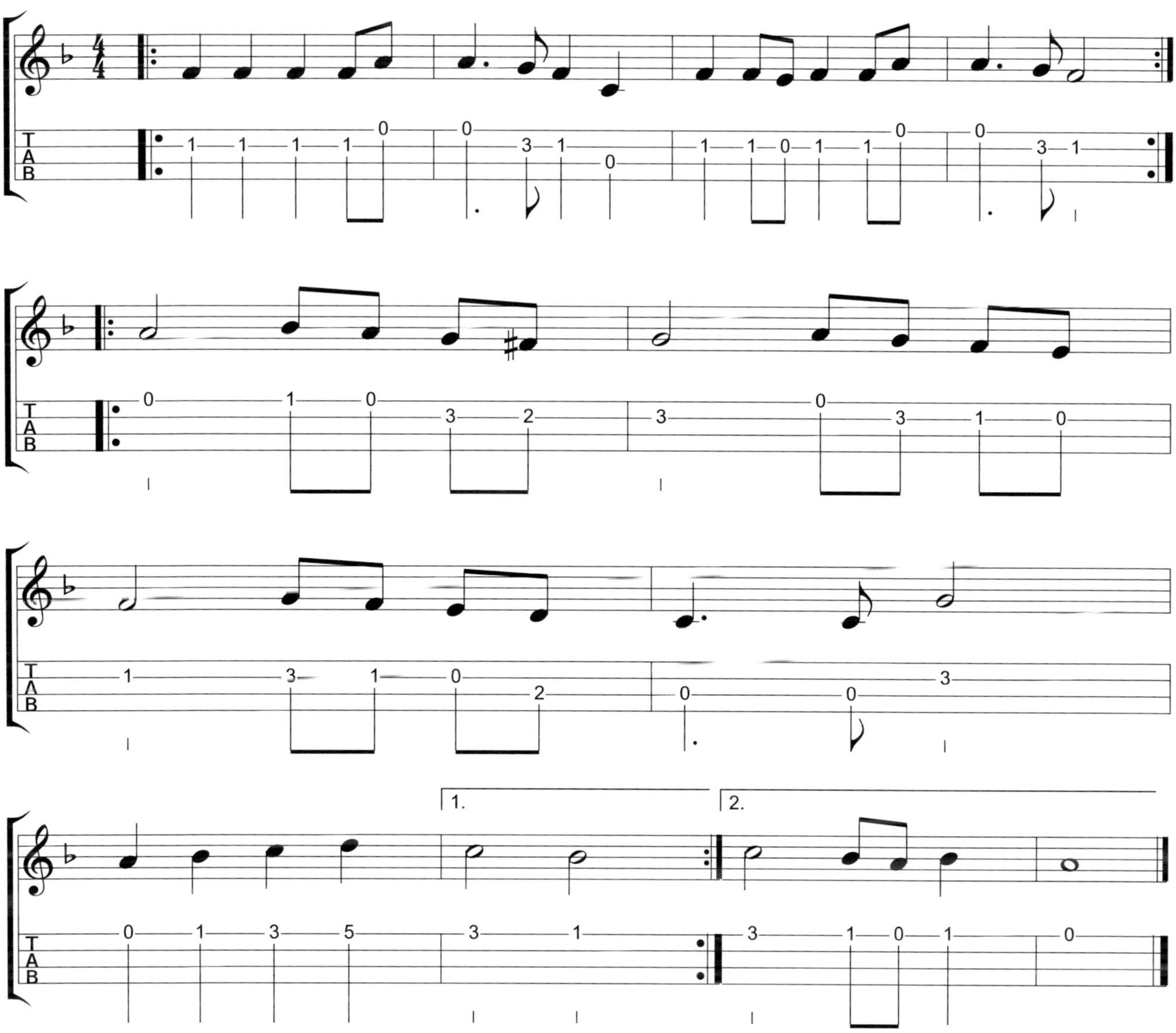

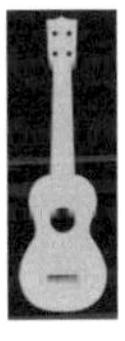

Da die Töne auf benachbarten Saiten liegen, bietet sich ein einfacher Daumen-Abschlag an. Auch als 2. Stimme zu Melodie und Arrangement auf S. 20-21 geeignet.

In einem Krippelein

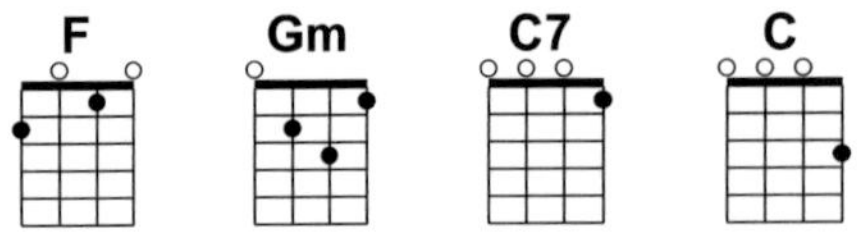

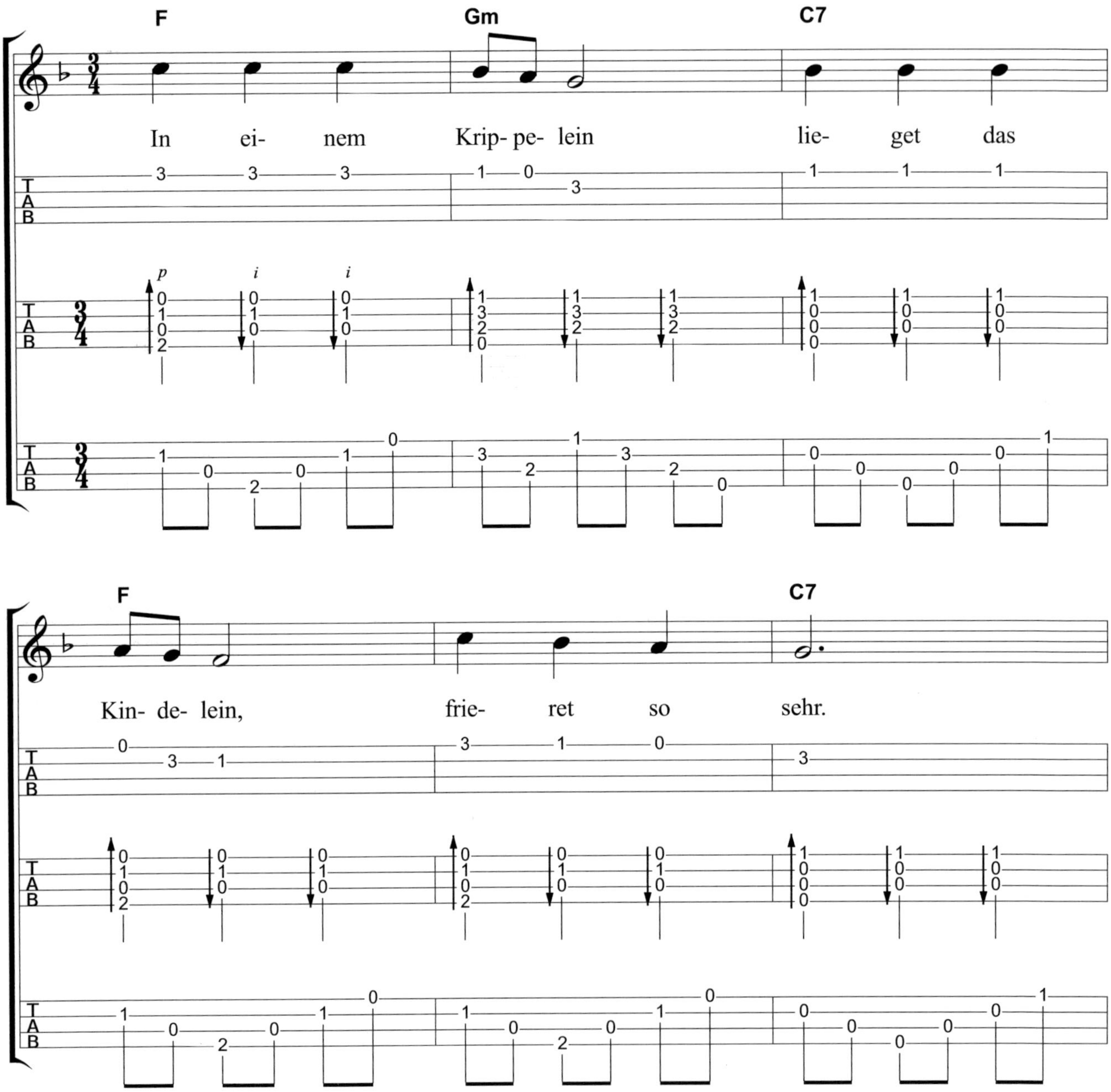

1. In einem Krippelein lieget ein Kindelein,
frieret so sehr.
Es ist so arm, dass Gott erbarm.
Kommt all hierher und komm keiner nicht leer.

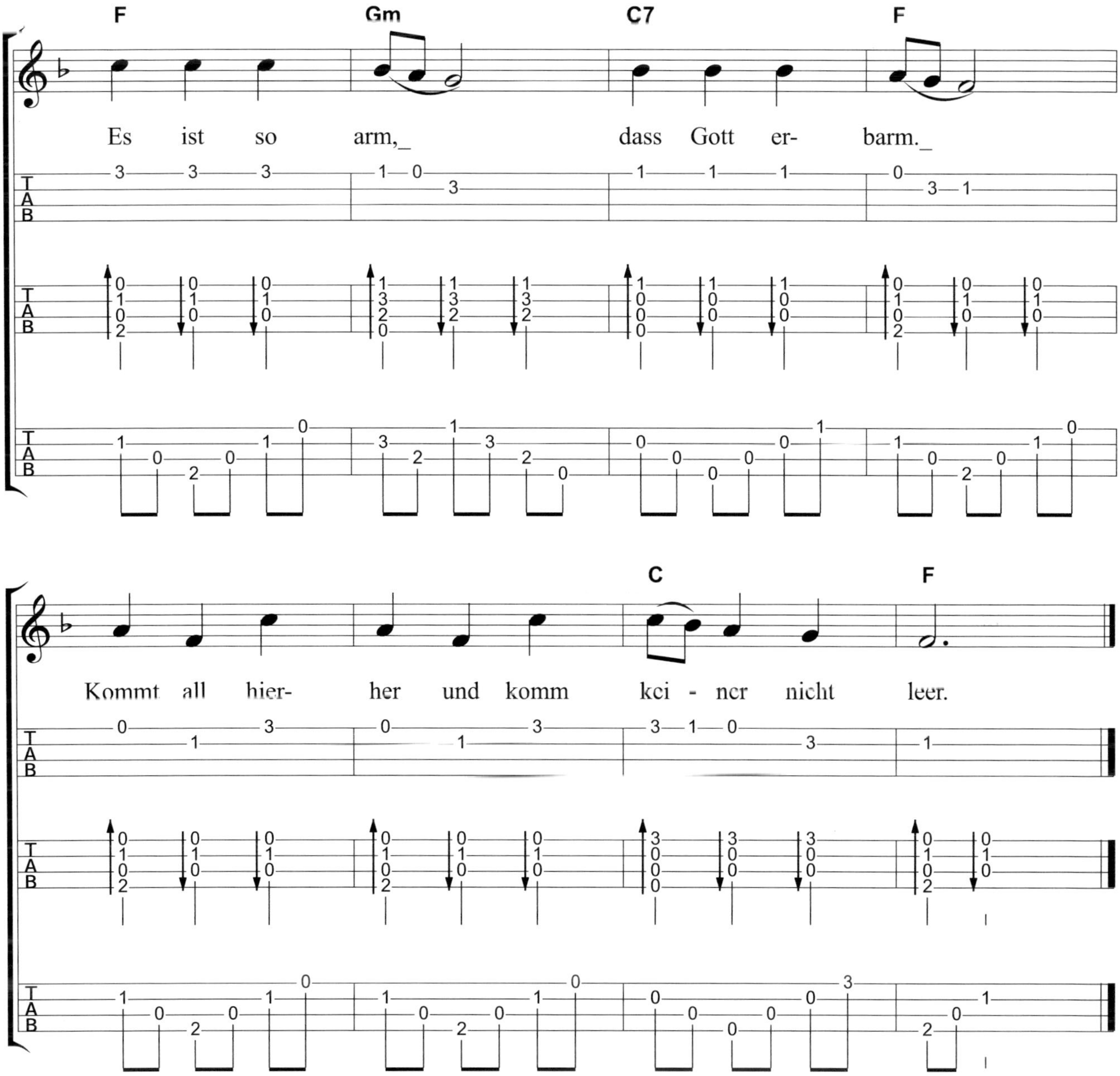

2. Ihr Hirten laufet, Leinwand einkaufet,
hurtig gekauft!
Kauft Milch und Eier, gib uns aan Zweier,
brockt auch ein, hübsch und fein, fürs Jesulein.

3. Ihr Musikanten und ihr Trabanten,
stellet euch ein!
Den Bass tut streichen, Flöten lasst pfeifen,
ha, ha, ha, hopsasa, beim Kind im Stall.

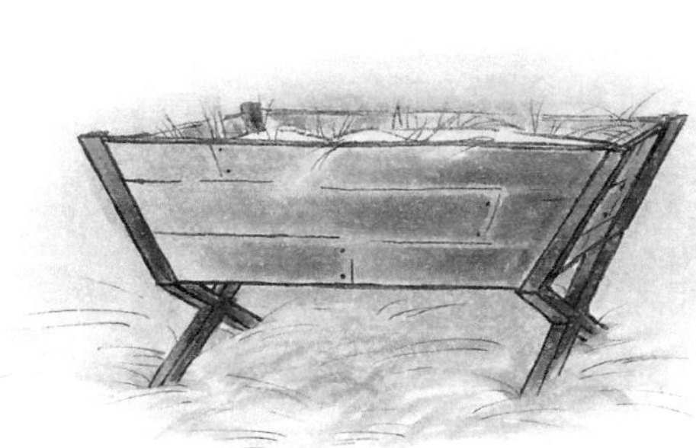

Volkslied nach einer Melodie aus der Tschechoslowakei

In einem Krippelein

solo / 1. Stimme

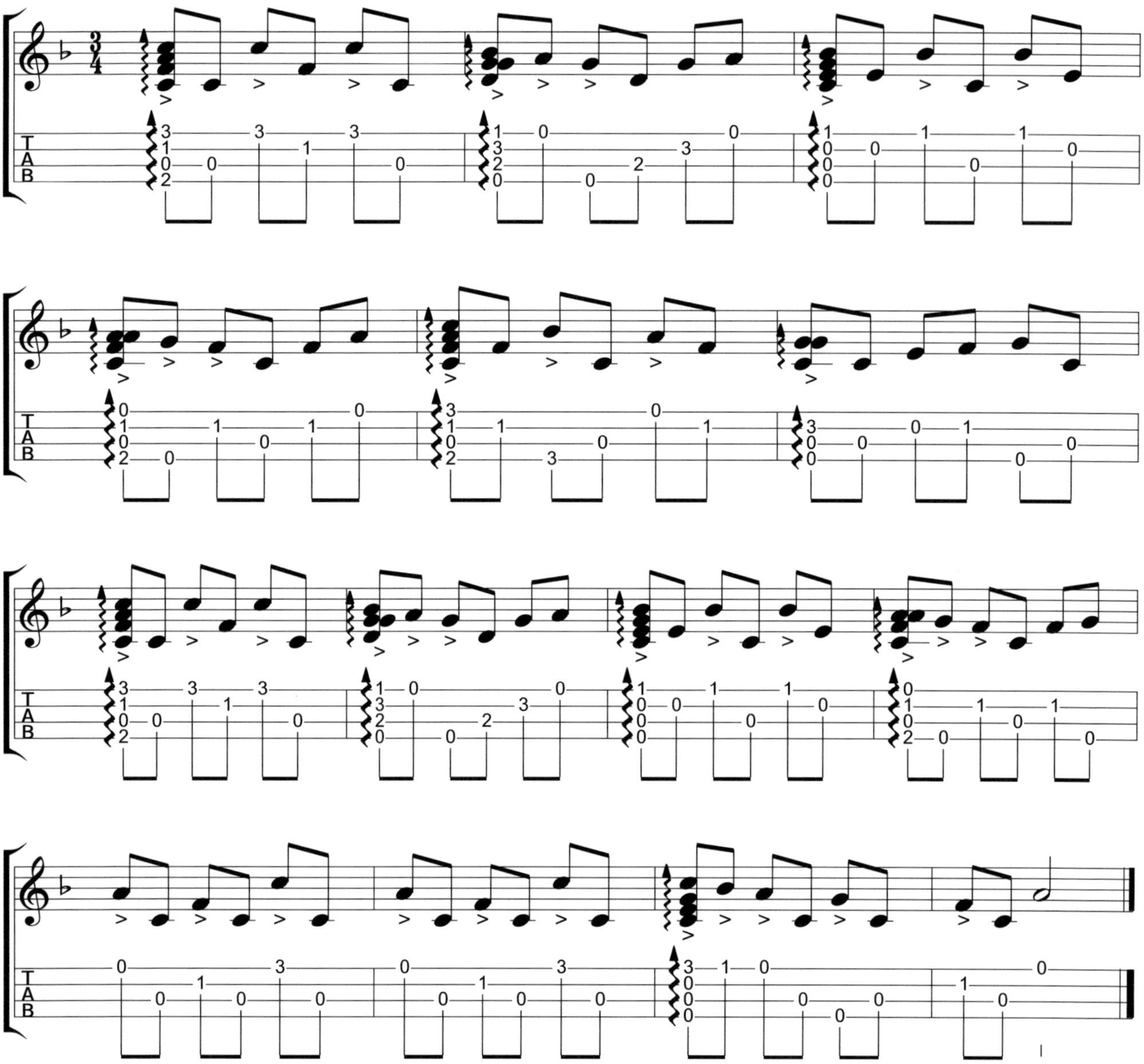

In einem Krippelein

2. Stimme

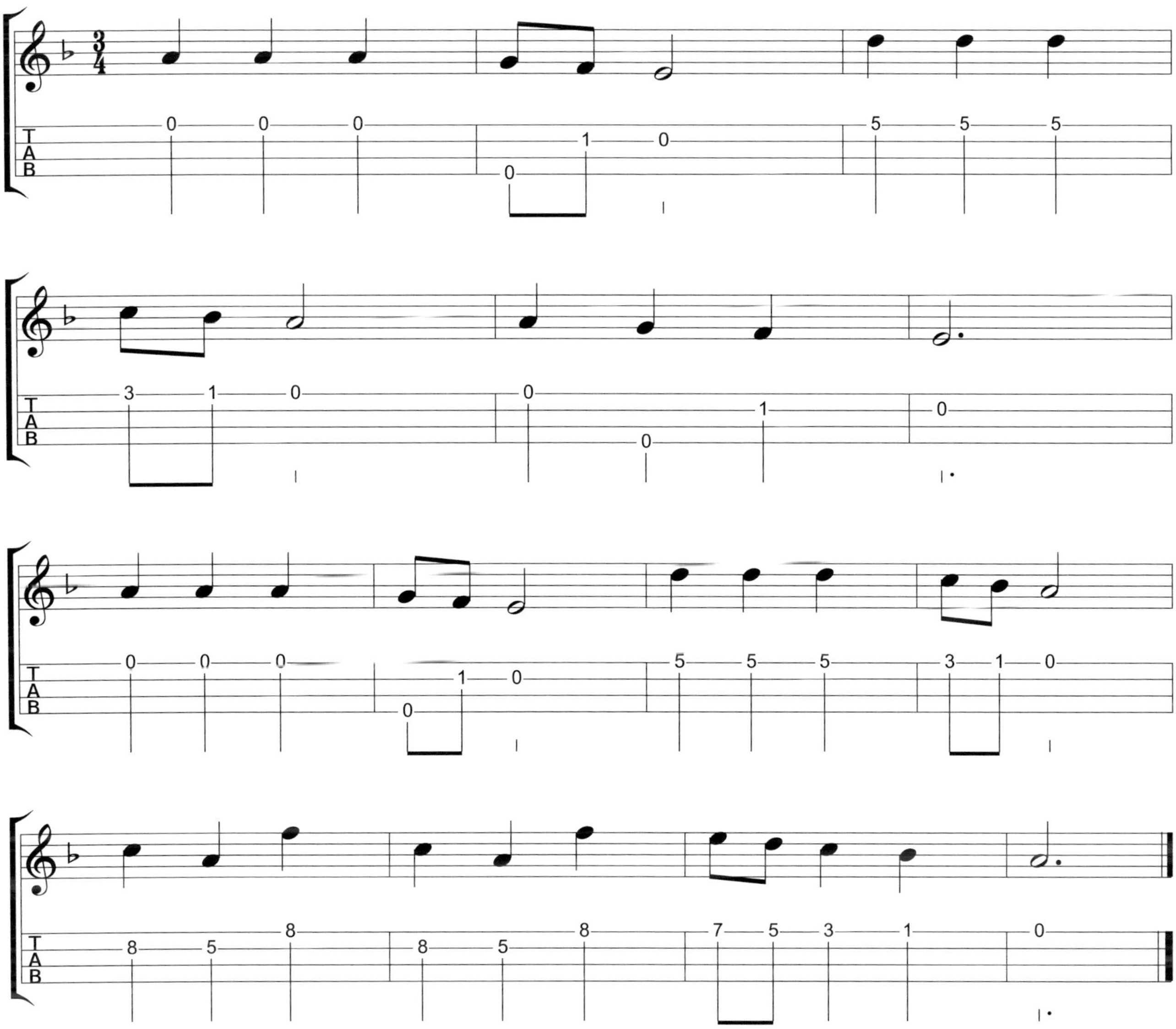

Auch als 2. Stimme zu Melodie und Arrangement auf S. 24-25 geeignet.

Maria durch ein' Dornwald ging

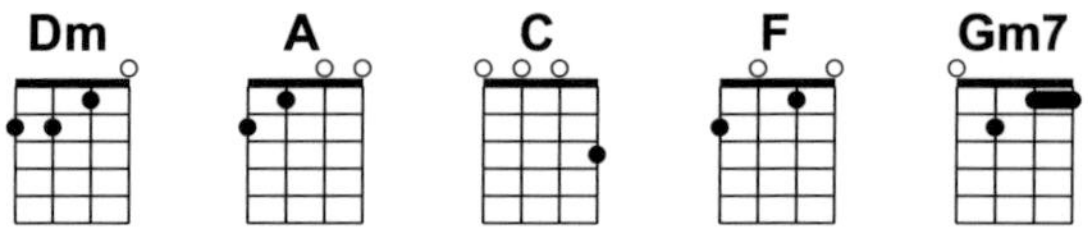

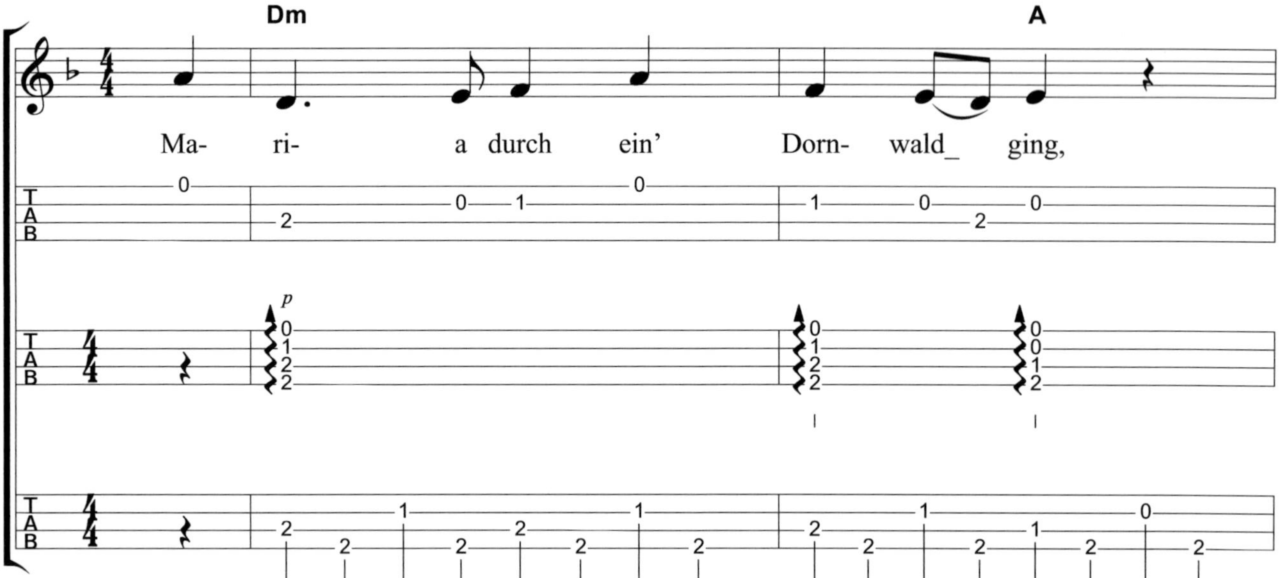

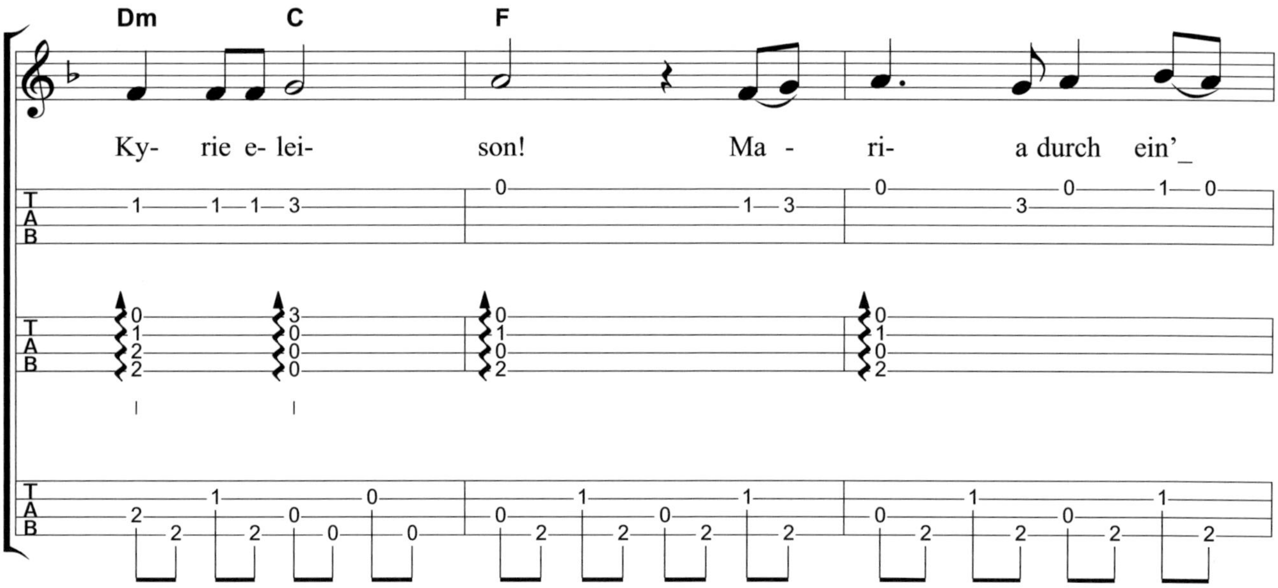

1. Maria durch ein' Dornwald ging,
   Kyrie eleison!
   Maria durch ein' Dornwald ging,
   der hat in sieben Jahr'n kein Laub getragen.
   Jesus und Maria!

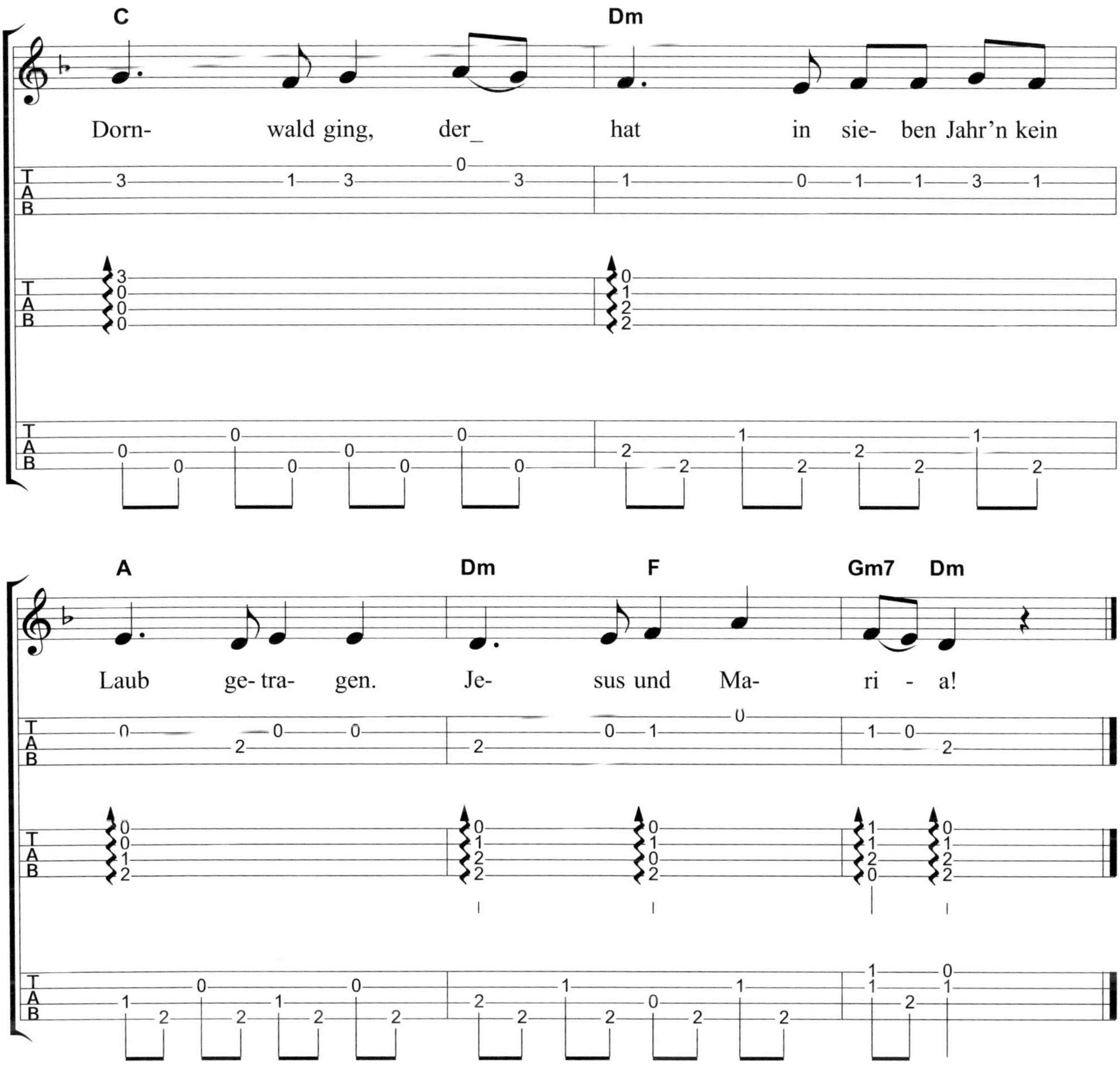

2. Was trug Maria unter ihrem Herzen?
Kyrie eleison!
Ein kleines Kindlein ohne Schmerzen,
das trug Maria unter ihrem Herzen.
Jesus und Maria!

3. Da haben die Dornen Rosen getragen,
Kyrie eleison!
Als das Kindlein durch den Wald getragen,
da haben die Dornen Rosen getragen.
Jesus und Maria!

Melodie: Wallfahrtslied aus dem Eichsfeld, Thüringen, 19. Jahrhundert; Text: 16. Jahrhundert.

Maria durch ein' Dornwald ging

solo / 1. Stimme

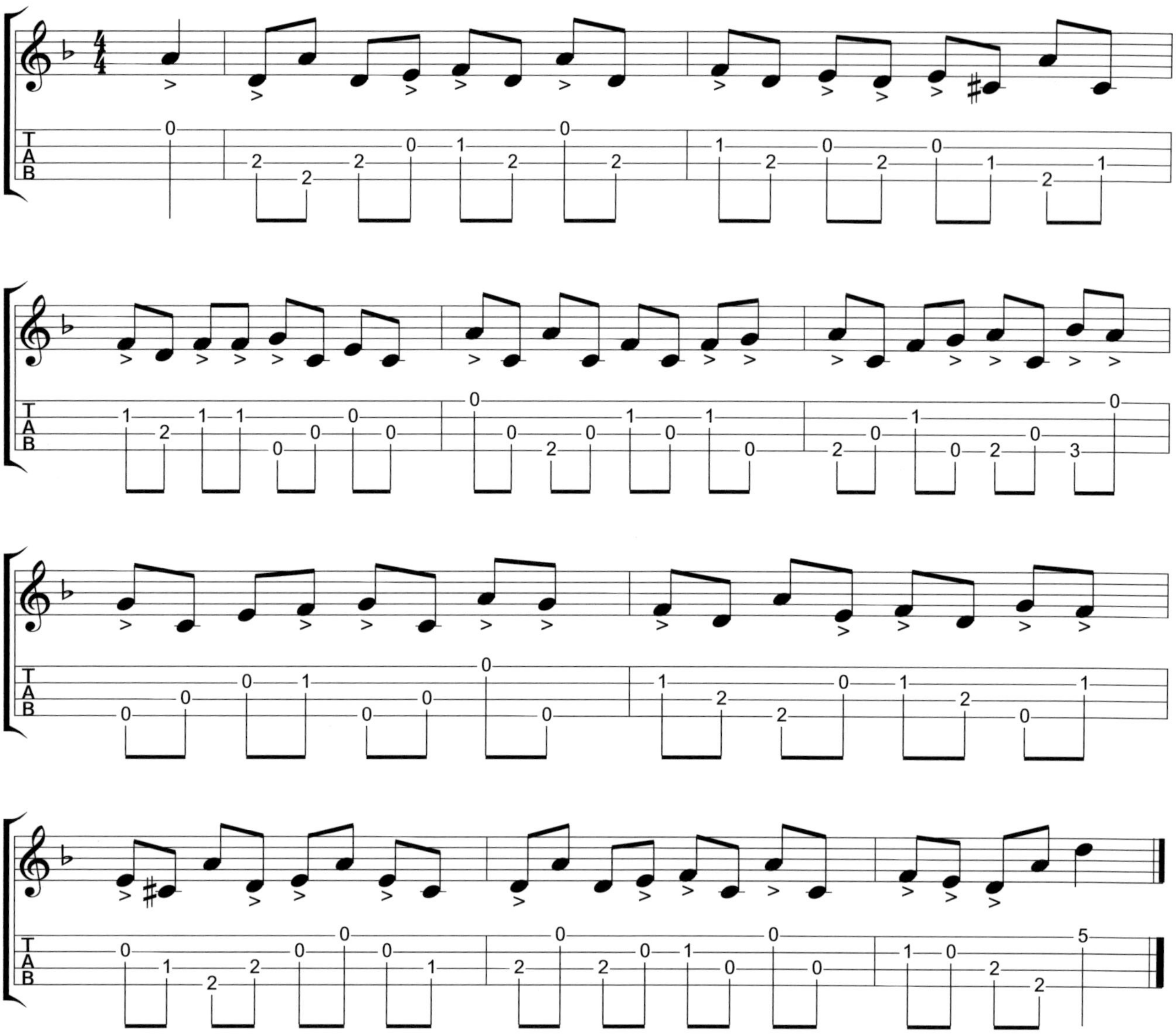

Durch die für Ukulelen typische Re-entrant-Stimmung (die meist mit dem Daumen gezupfte Eingangs-Saite g' ist höher gestimmt als die folgende C-Saite) kann der Ton g' sowohl auf der leeren G-Saite mit dem Daumen als auch der im 3. Bund gegriffenen E-Saite mit dem Mittelfinger gezupft werden. Um eine möglichst fließende Zupfbewegung zu erzeugen, wurde auch das a' entweder auf der leeren A-Saite oder der im 2. Bund gegriffenen G-Saite notiert.

Maria durch ein' Dornwald ging

2. Stimme

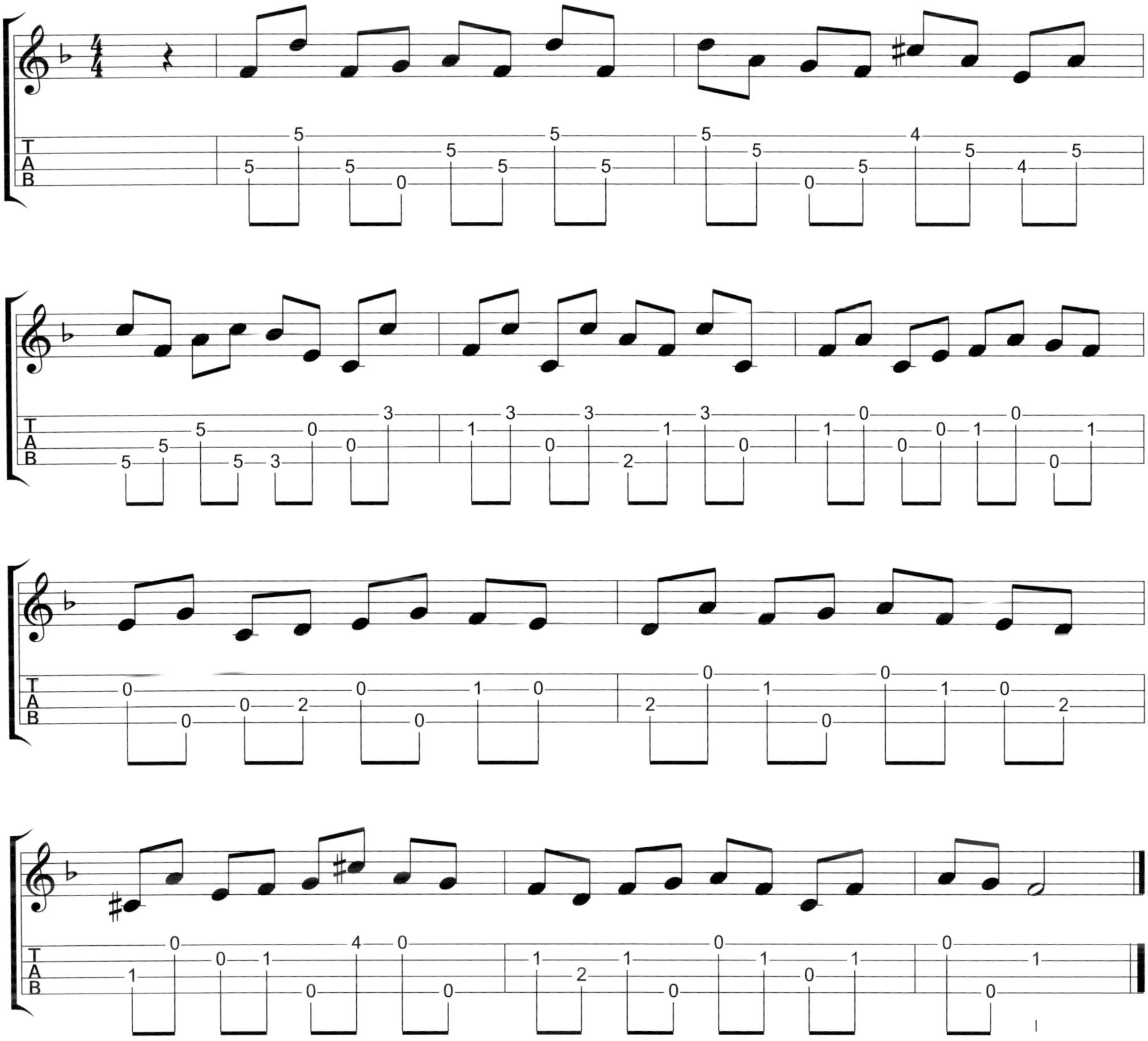

Diese Stimme kann auch zu Melodie und Arrangement auf S. 28-29 gespielt werden

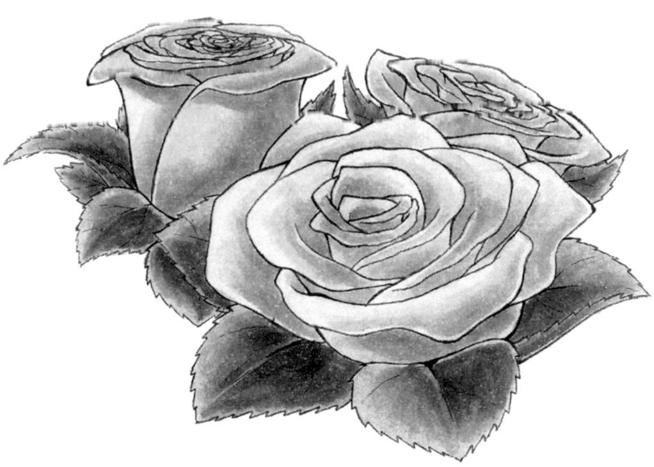

Nah bei Ochs' und Eselein

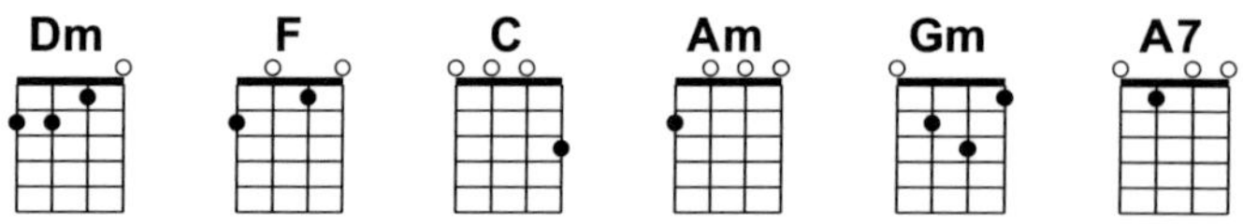

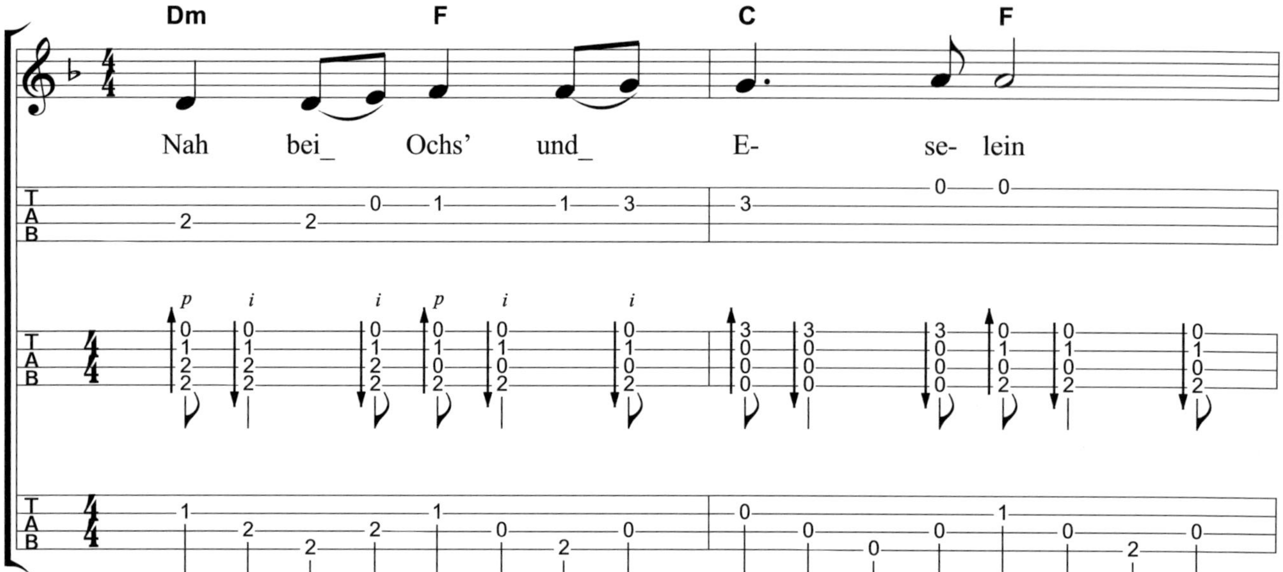

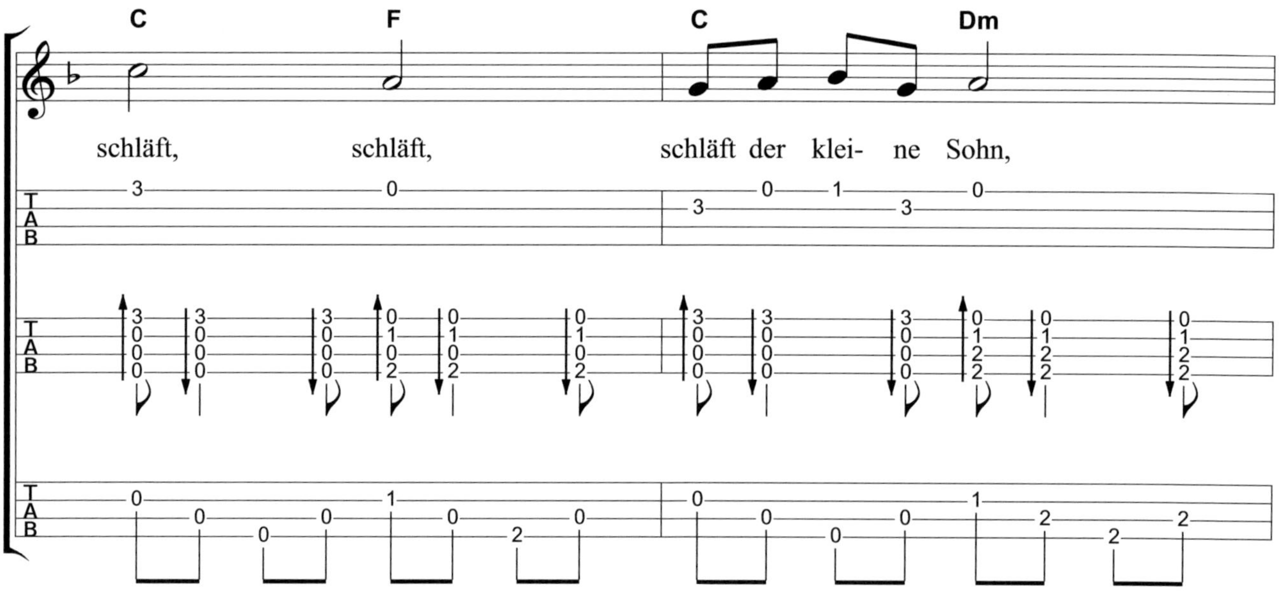

1. Nah bei Ochs' und Eselein
schläft, schläft, schläft der kleine Sohn,
tausend Seraphim, Gottes Engelein
fliegen um der göttlichen Liebe Kind.

2. Umgeben von Rosen und Lilienduft
schläft, schläft, schläft der kleine Sohn,
tausend Seraphim, Gottes Engelein
fliegen um der göttlichen Liebe Kind.

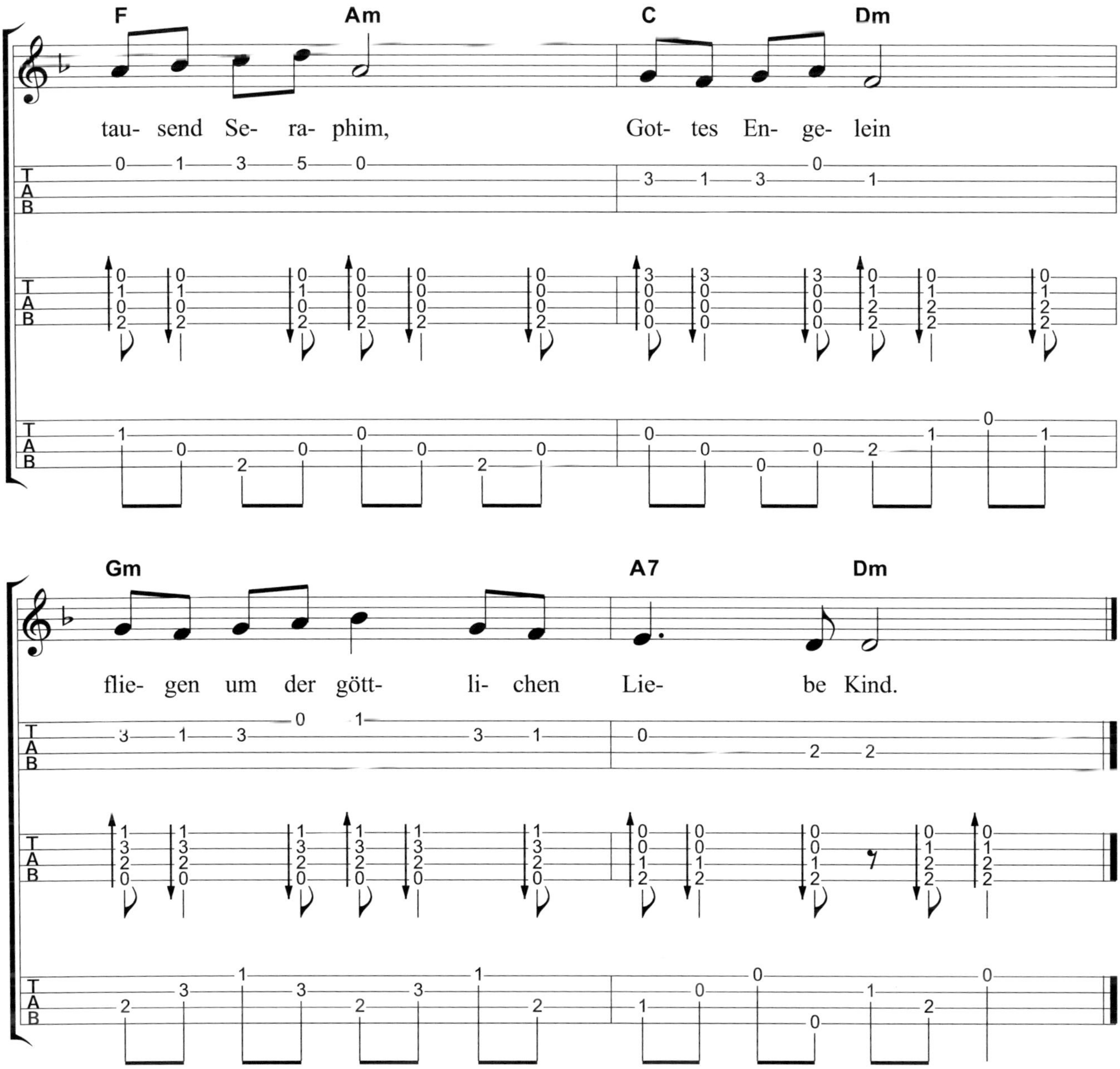

3. Behütet von Hirten, jung und schön,
schläft, schläft, schläft der kleine Sohn,
tausend Seraphim, Gottes Engelein
fliegen um der göttlichen Liebe Kind.

4. Geborgen im Arm seiner Mutter Maria
schläft, schläft, schläft der kleine Sohn,
tausend Seraphim, Gottes Engelein
fliegen um der göttlichen Liebe Kind.

Melodie: »Entre le boeuf et l'âne gris« aus Frankreich; deutsche Textfassung: Jutta Riedel-Henck, 2013

Nah bei Ochs' und Eselein

solo / 1. Stimme

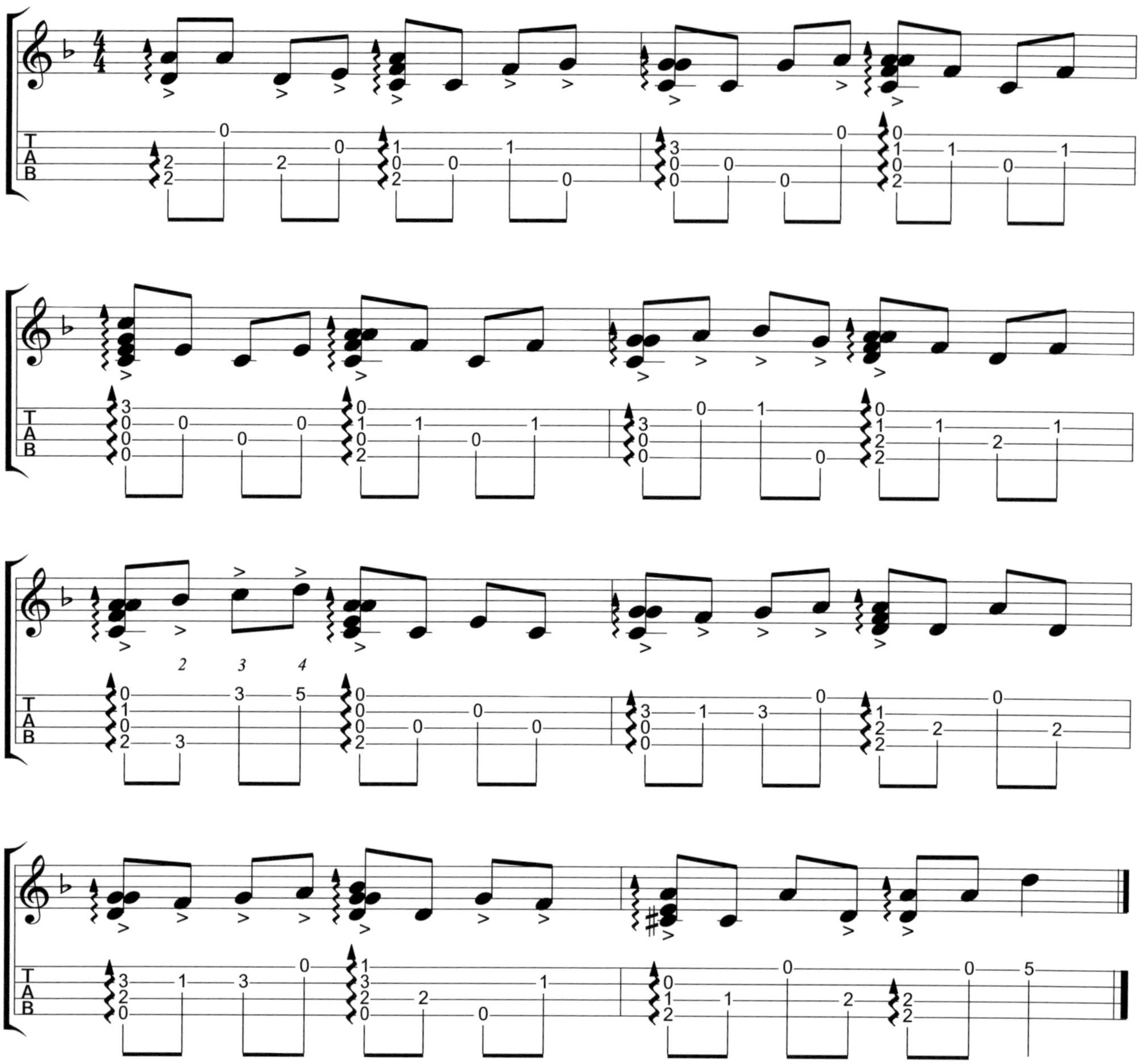

Im 5. Takt empfiehlt sich der notierte Fingersatz. Der Mittelfinger, welcher beim F-Dur-Akkord im 2. Bund auf der G-Saite liegt, gleitet in den 3. Bund.

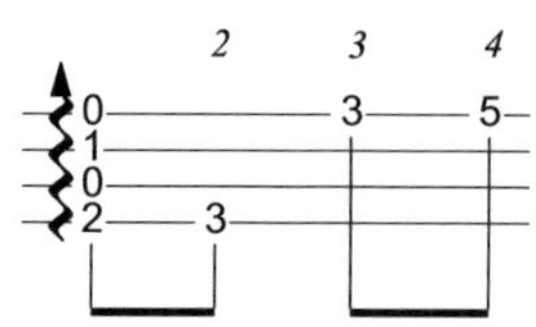

M M R K

Nah bei Ochs' und Eselein

2. Stimme

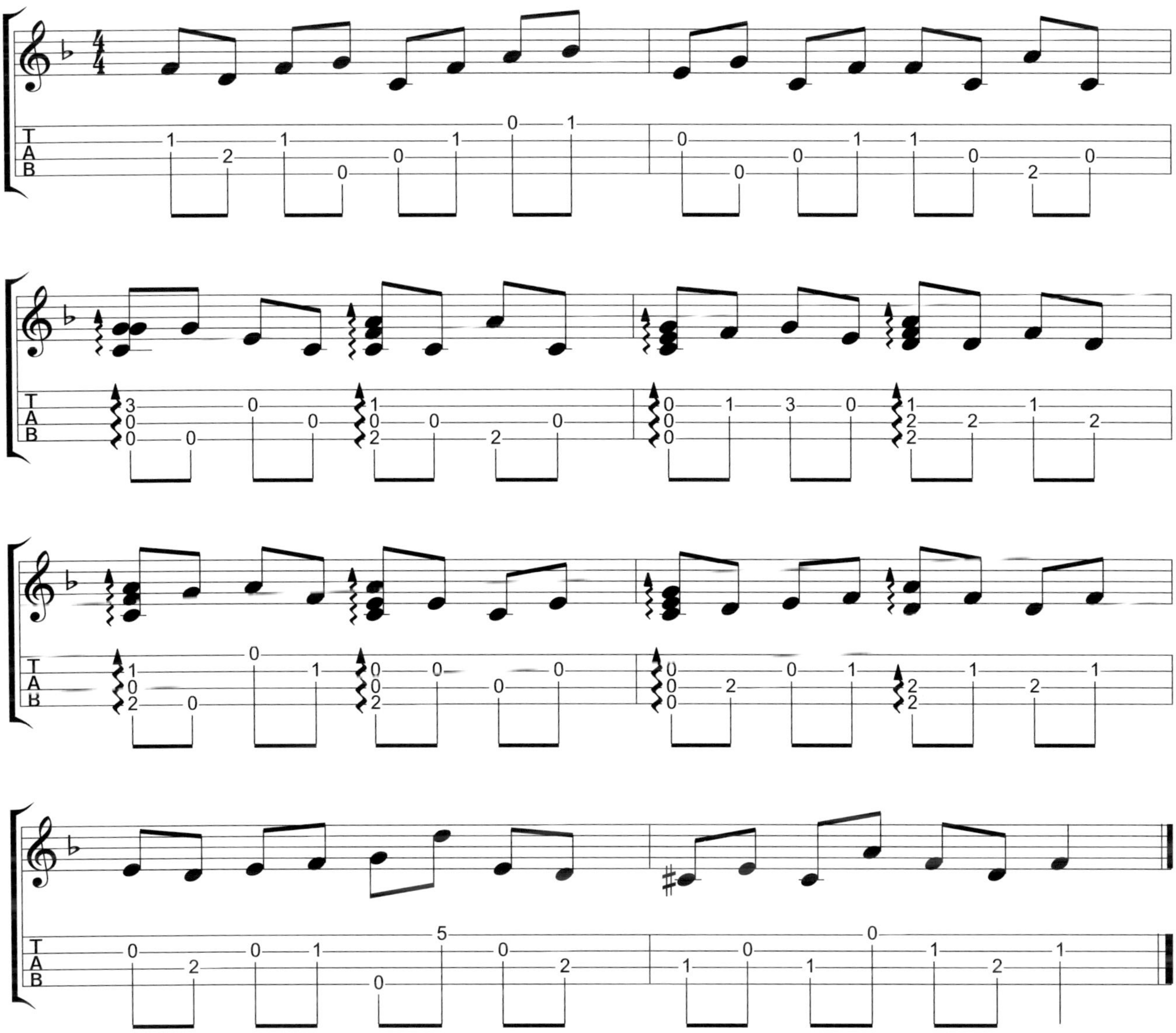

Diese Stimme kann auch zu Melodie und Arrangement auf S. 32-33 gespielt werden.

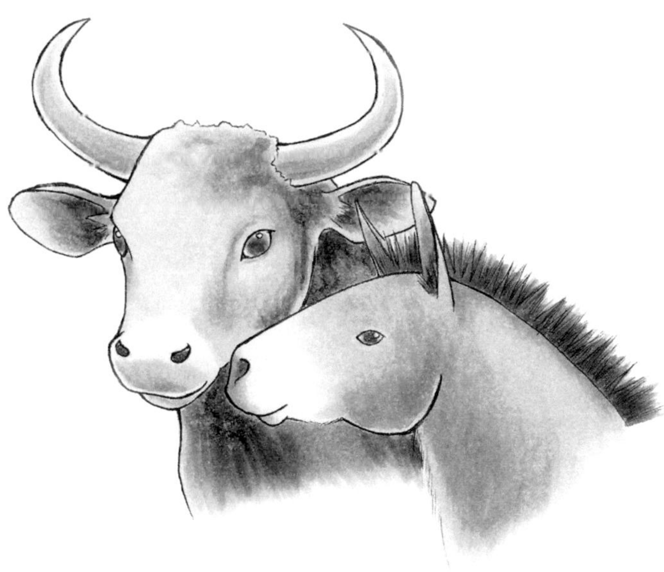

O Heiland, reiß die Himmel auf

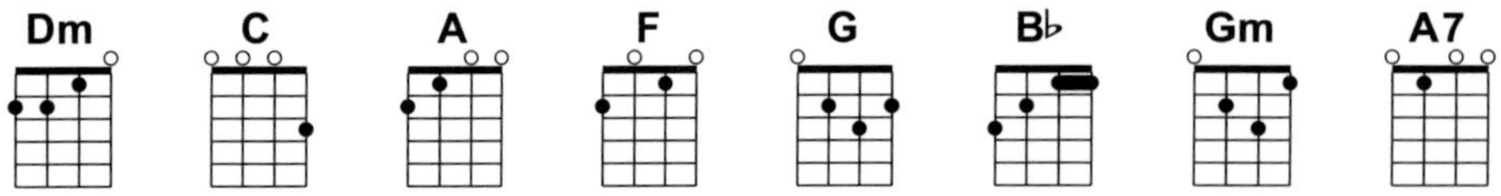

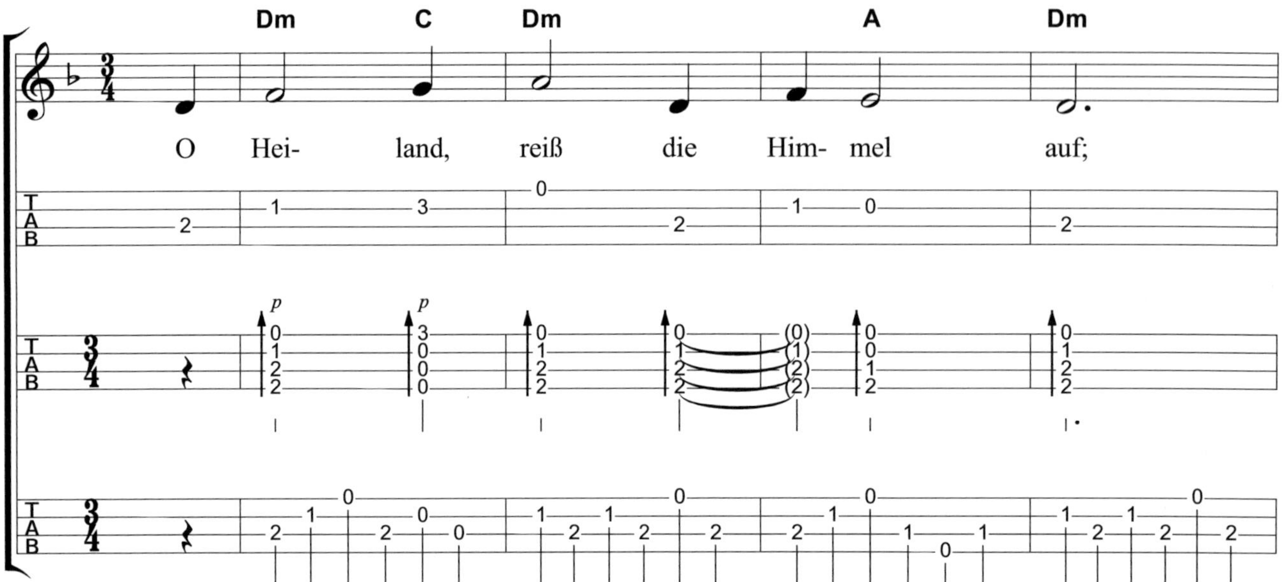

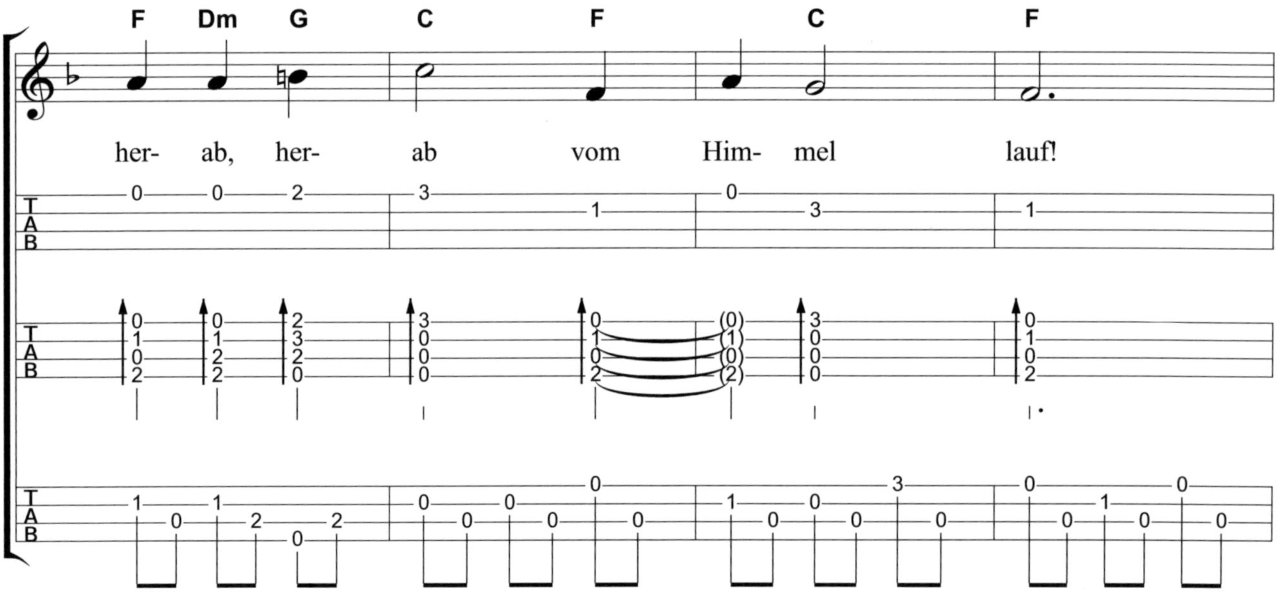

1. O Heiland, reiß die Himmel auf;
herab, herab vom Himmel lauf!
Reiß ab vom Himmel Tor und Tür,
reiß ab, wo Schloss und Riegel für!

2. O Gott, ein Tau vom Himmel gieß,
im Tau herab, o Heiland, fließ!
Ihr Wolken, brecht und regnet aus
den König über Jakobs Haus!

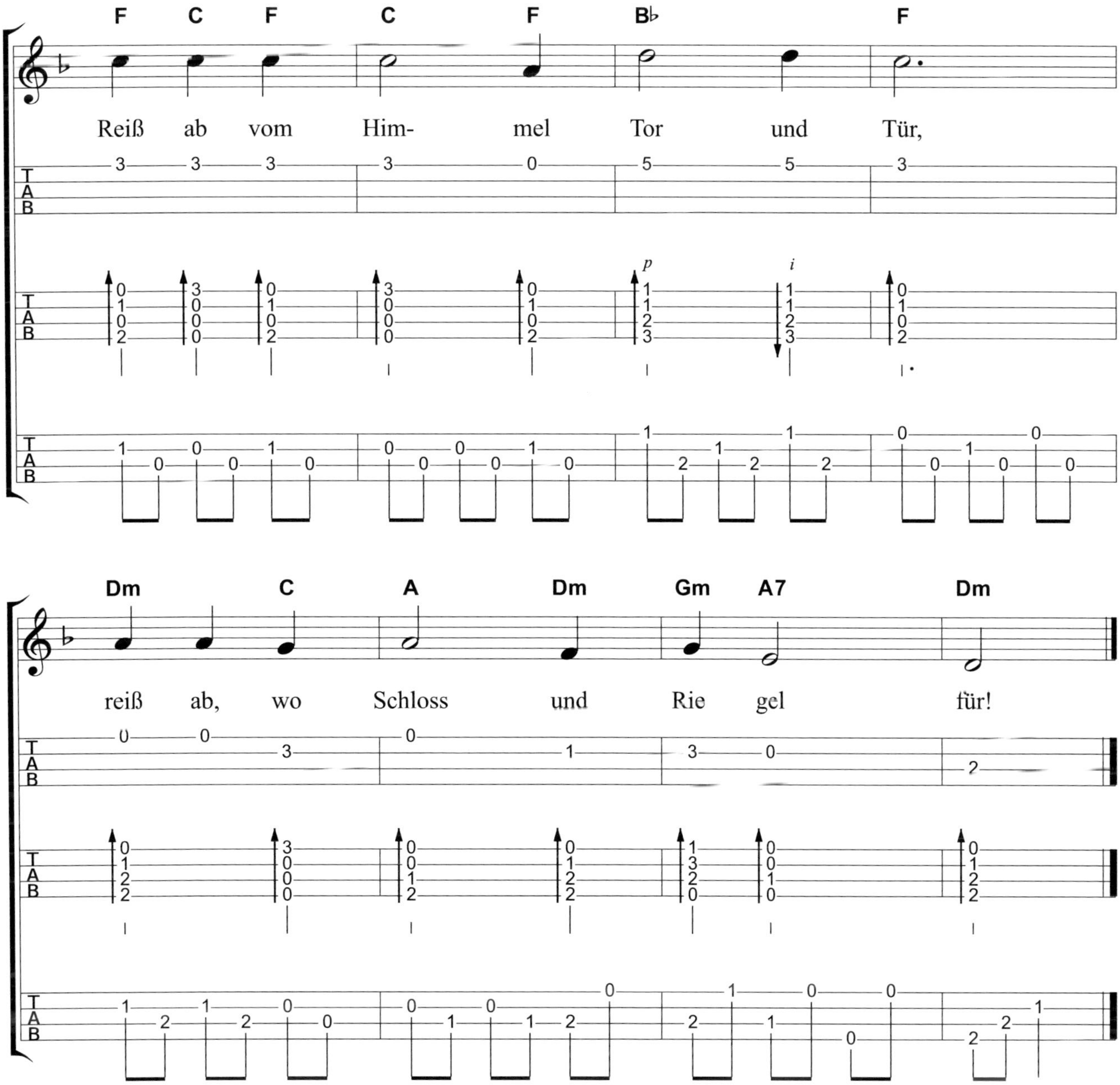

3. O Erd, schlag aus, schlag aus, o Erd,
dass Berg und Tal grün alles wird!
O Erd, herfür dies Blümlein bring,
o Heiland, aus der Erden spring!

4. Wo bleibst du, Trost der ganzen Welt,
darauf sie all ihr Hoffnung stellt?
O komm, ach komm vom höchsten Saal,
komm, tröst uns hier im Jammertal.

5. O klare Sonn, du schöner Stern,
dich wollten wir anschauen gern,
o Sonn, geh auf! Ohn deinen Schein
in Finsternis wir alle sein.

Melodie: Köln 1638, Augsburg 1666 (Rheinfelsisches Gesangbuch); Text: Friedrich Spee (1591–1635), 1622.

O Heiland, reiß die Himmel auf

solo / 1. Stimme

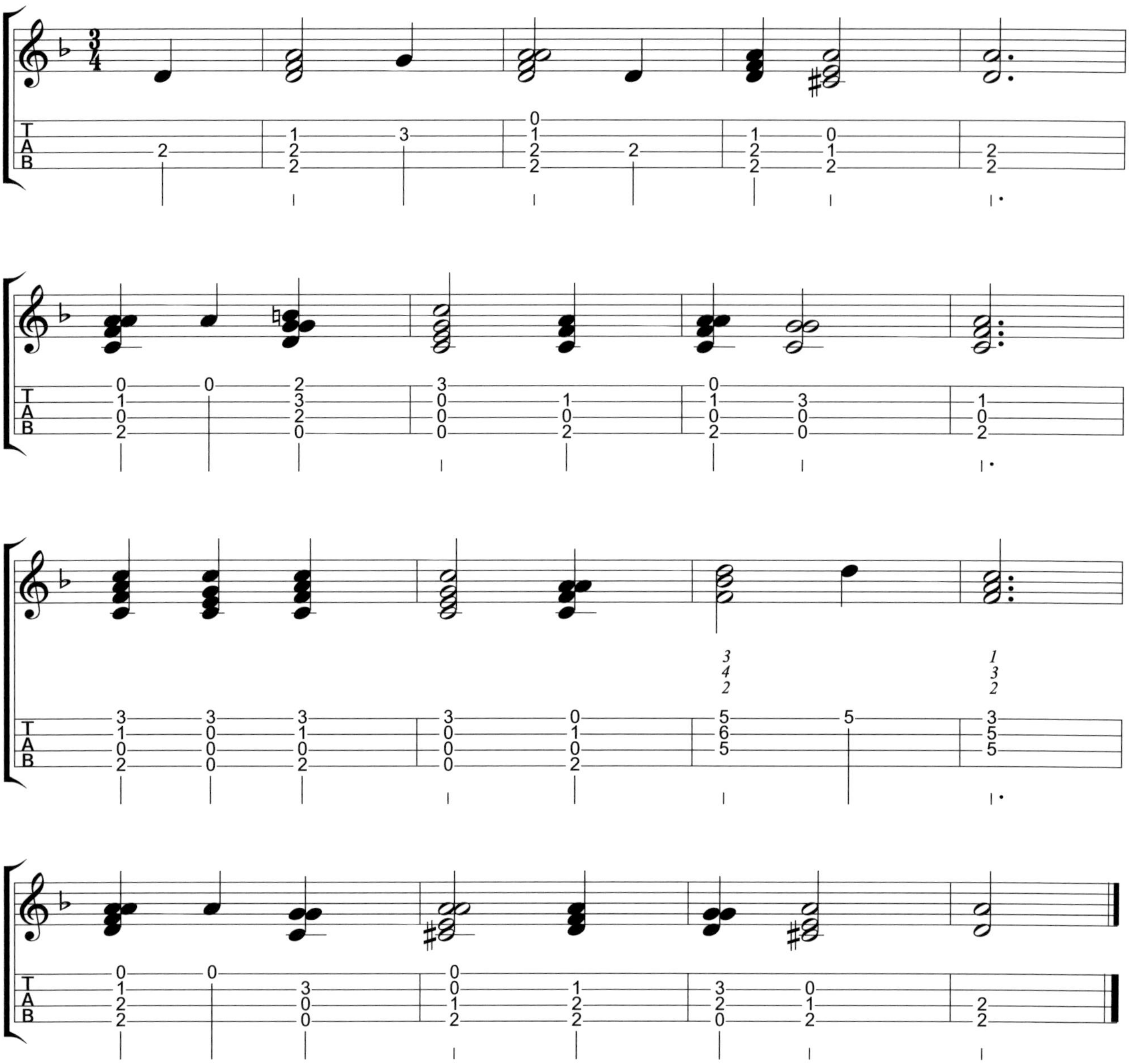

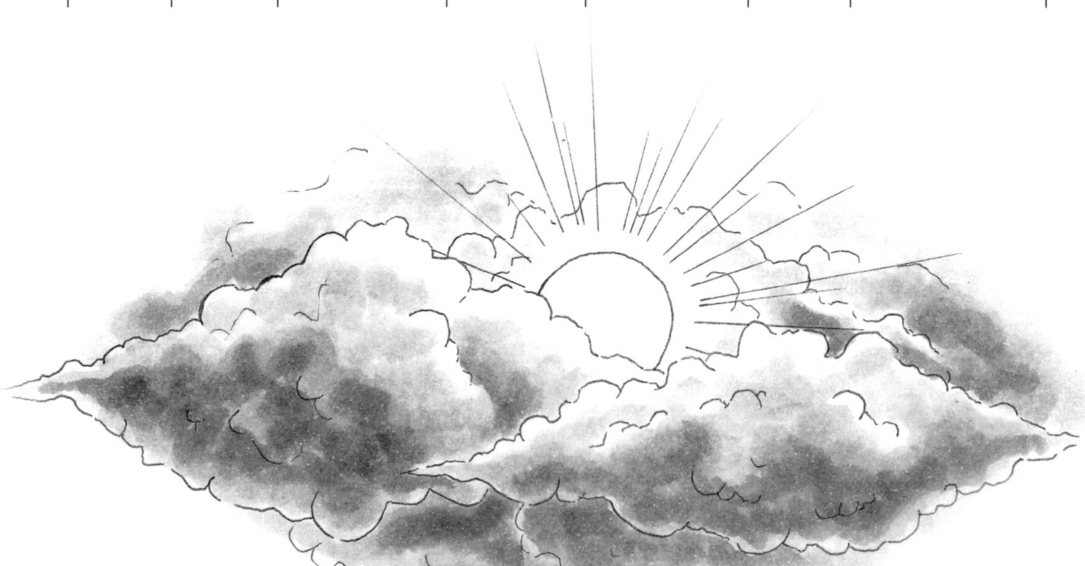

O Heiland, reiß die Himmel auf

2. Stimme

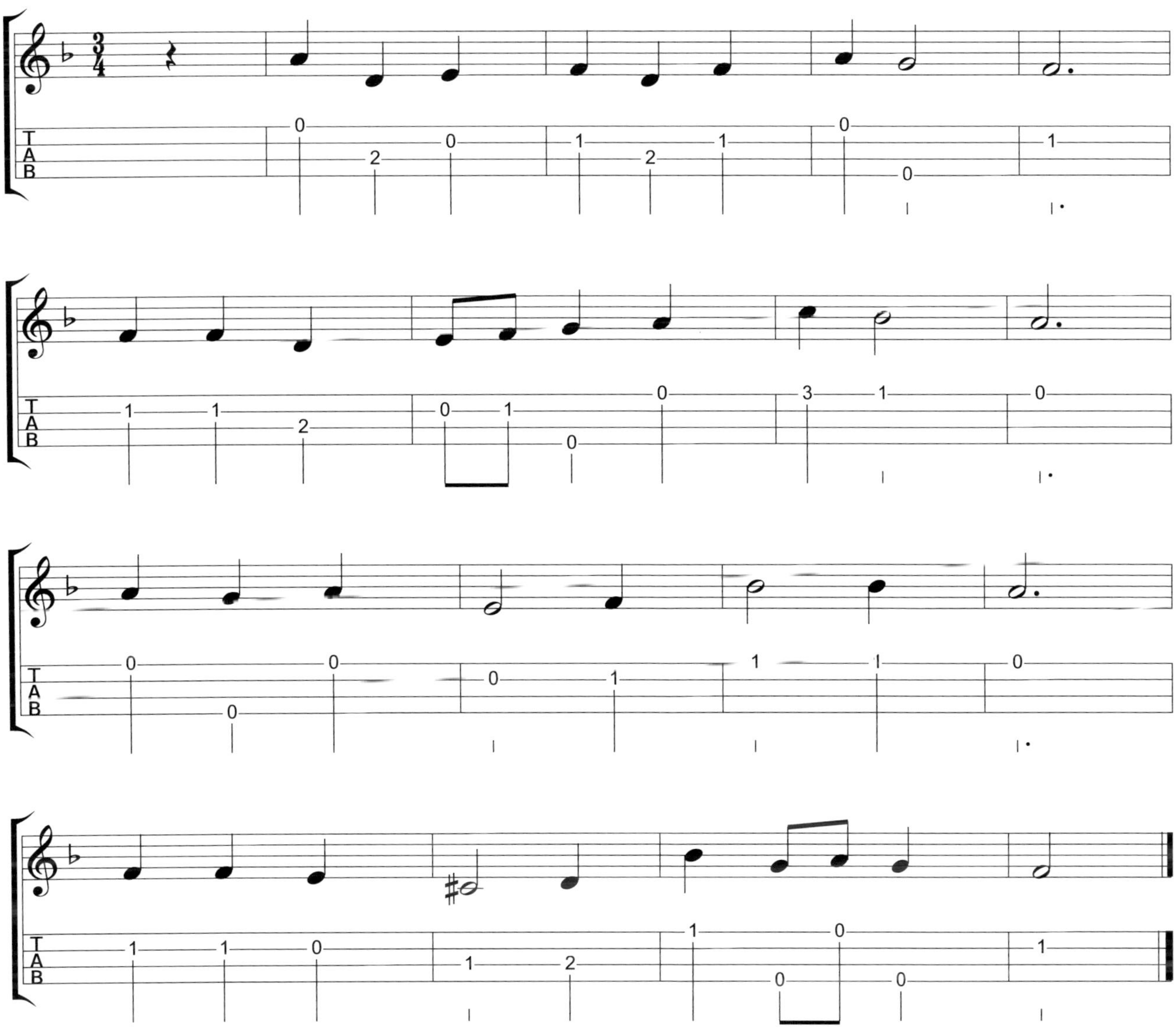

Diese Stimme kann auch zu Melodie und Arrangement auf S. 36-37 gespielt werden.

O Tannenbaum, du trägst

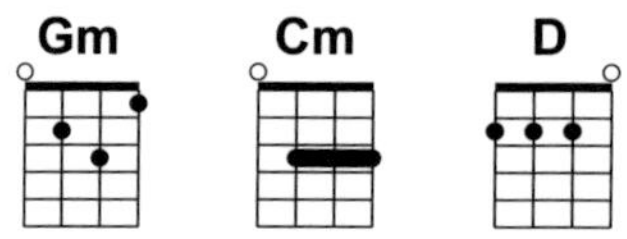

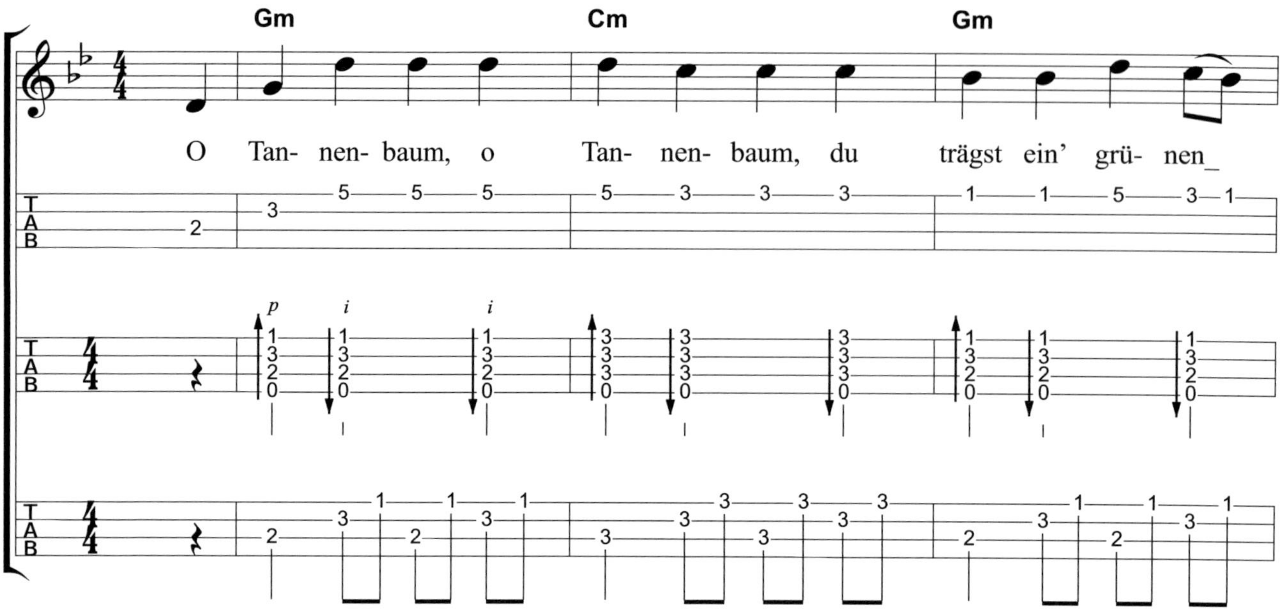

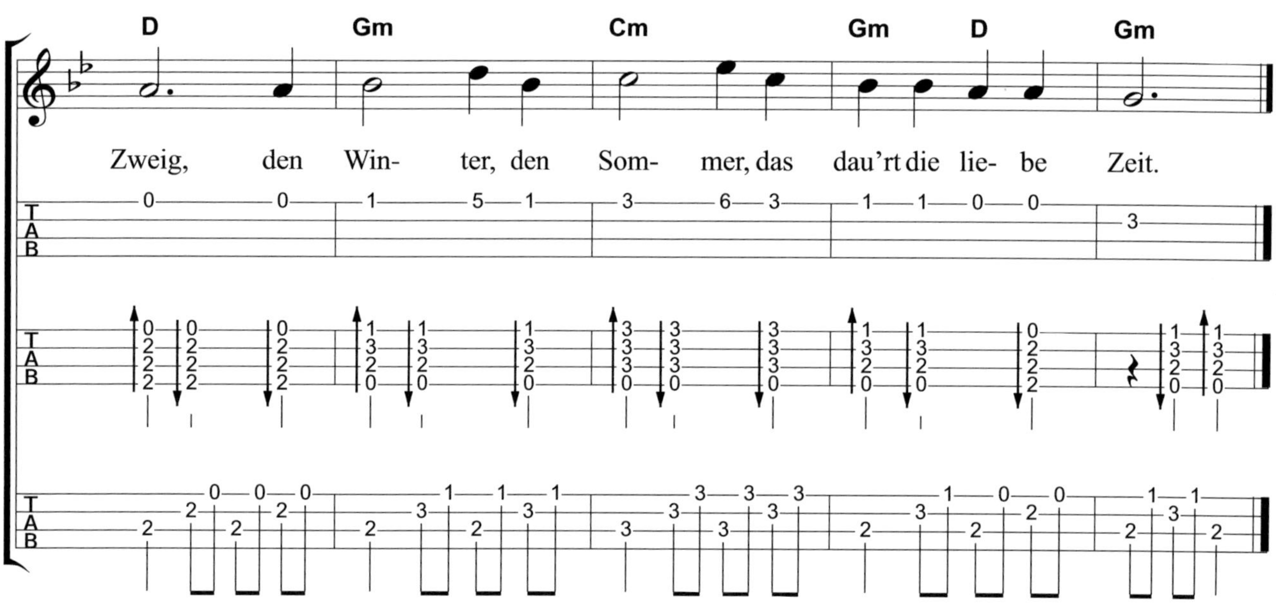

Für die Zupfbegleitung empfiehlt sich als Fingersatz ein zwischen den benachbarten Saiten wechselnder Daumen plus Zeige- *oder* Mittelfinger:

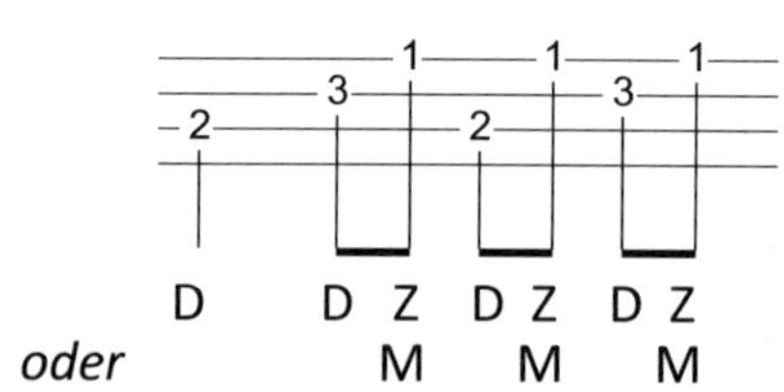

Zu diesem Arrangement kann auch die 2. Stimme auf S. 41 gespielt werden.

O Tannenbaum, du trägst ein grünen Zweig

solo / 1. Stimme

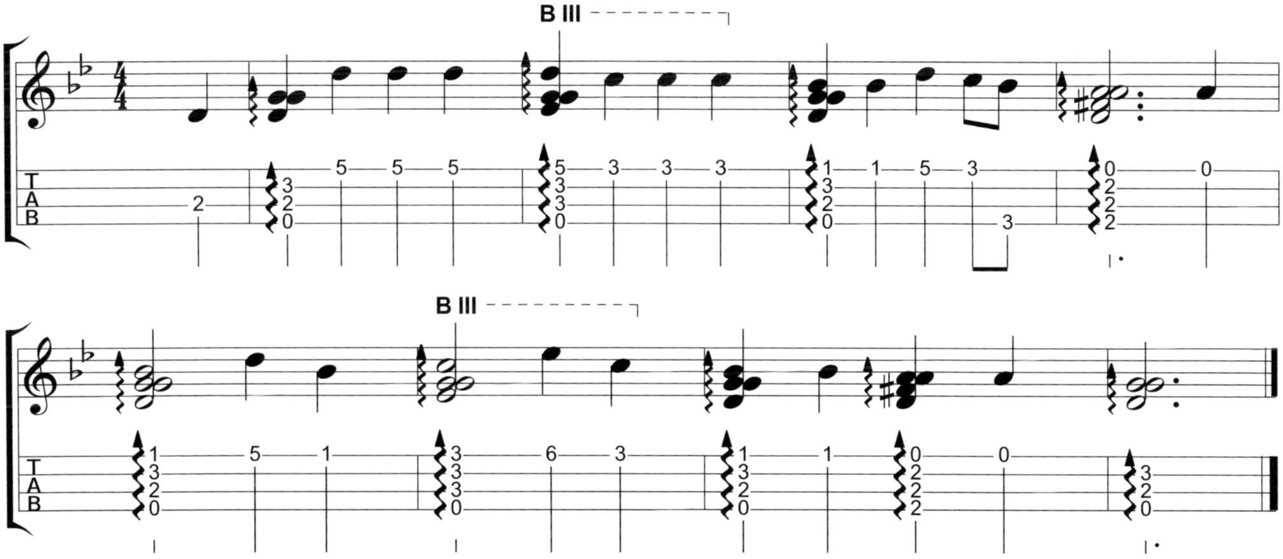

2. Stimme

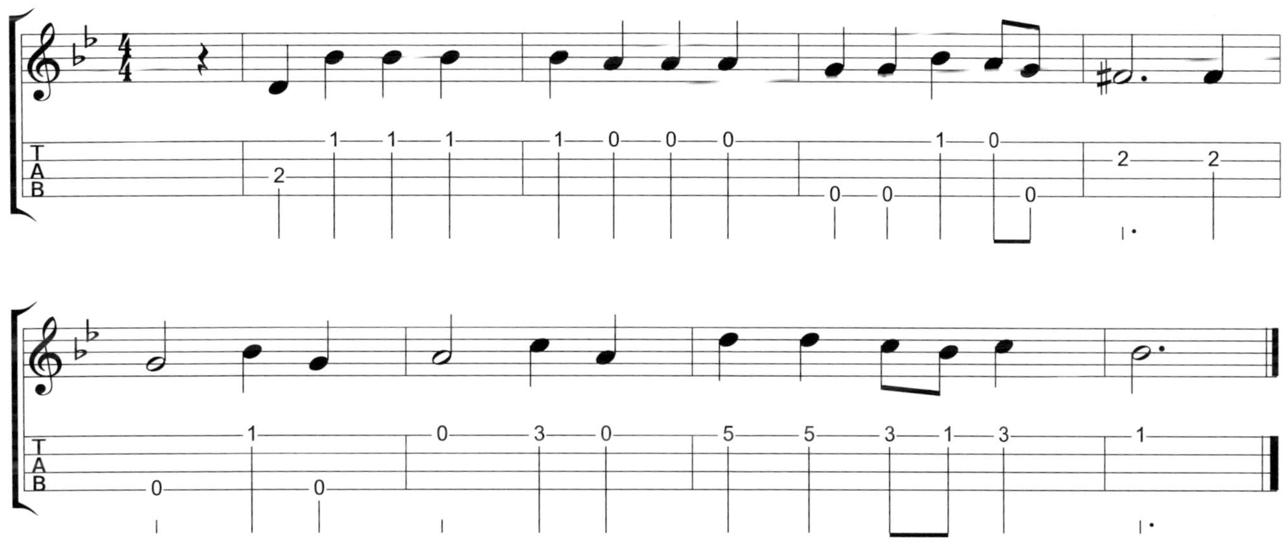

1. O Tannenbaum, o Tannenbaum,
   du trägst ein' grünen Zweig,
   den Winter, den Sommer,
   das dau'rt die liebe Zeit.

2. Wenn andre feine Bäumelein
   in großer Trauer stehn,
   dann grünest du, o Tannenbaum,
   im Winter gar so schön.

3. Warum sollt' ich nicht grünen,
   da ich noch grünen kann?
   Es fließt ein klarer Bronnen,
   wohl unter meinem Stamm.

4. Wohl unter meinen Wurzeln,
   wohl aus der Erde Schoß;
   der lässt mich wachsen und grünen,
   drum bin ich stark und groß.

Volkslied aus Westfalen, bekannt seit dem 16. Jahrhundert, aufgezeichnet 1812 von dem Volksliedersammler August Franz von Haxthausen (1792–1866) im Paderborner Land.

Schneeflöckchen, Weißröckchen

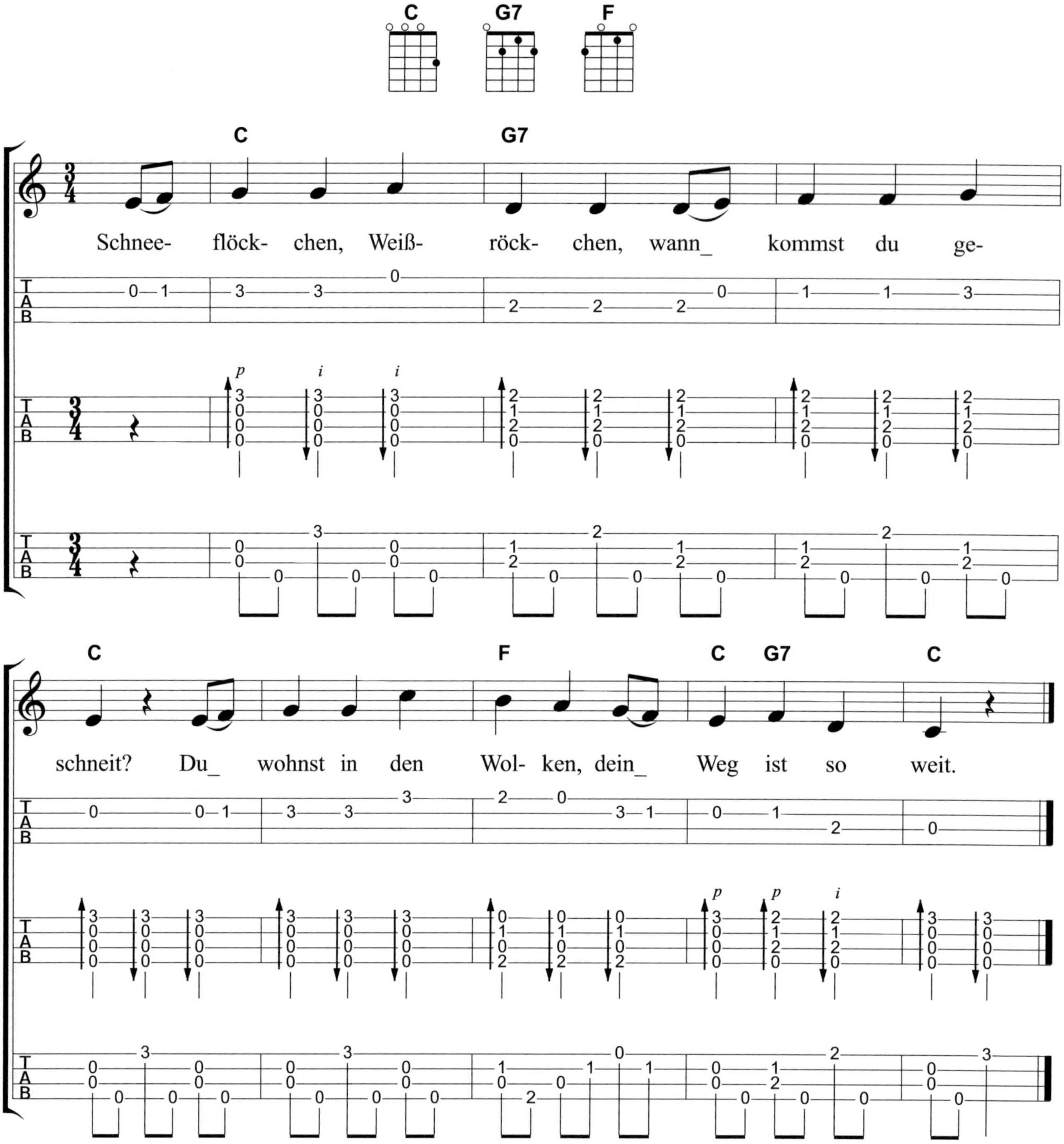

1. Schneeflöckchen, Weißröckchen,
   wann kommst du geschneit?
   Du wohnst in den Wolken,
   dein Weg ist so weit.

2. Komm, setz dich ans Fenster,
   du lieblicher Stern,
   malst Blumen und Blätter,
   wir haben dich gern.

3. Schneeflöckchen, du deckst uns
   die Blümelein zu,
   dann schlafen sie sicher
   in himmlischer Ruh.

4. Schneeflöckchen, Weißröckchen,
   komm zu uns ins Tal,
   dann bau'n wir den Schneemann
   und werfen den Ball.

Schneeflöckchen, Weißröckchen

solo / 1. Stimme

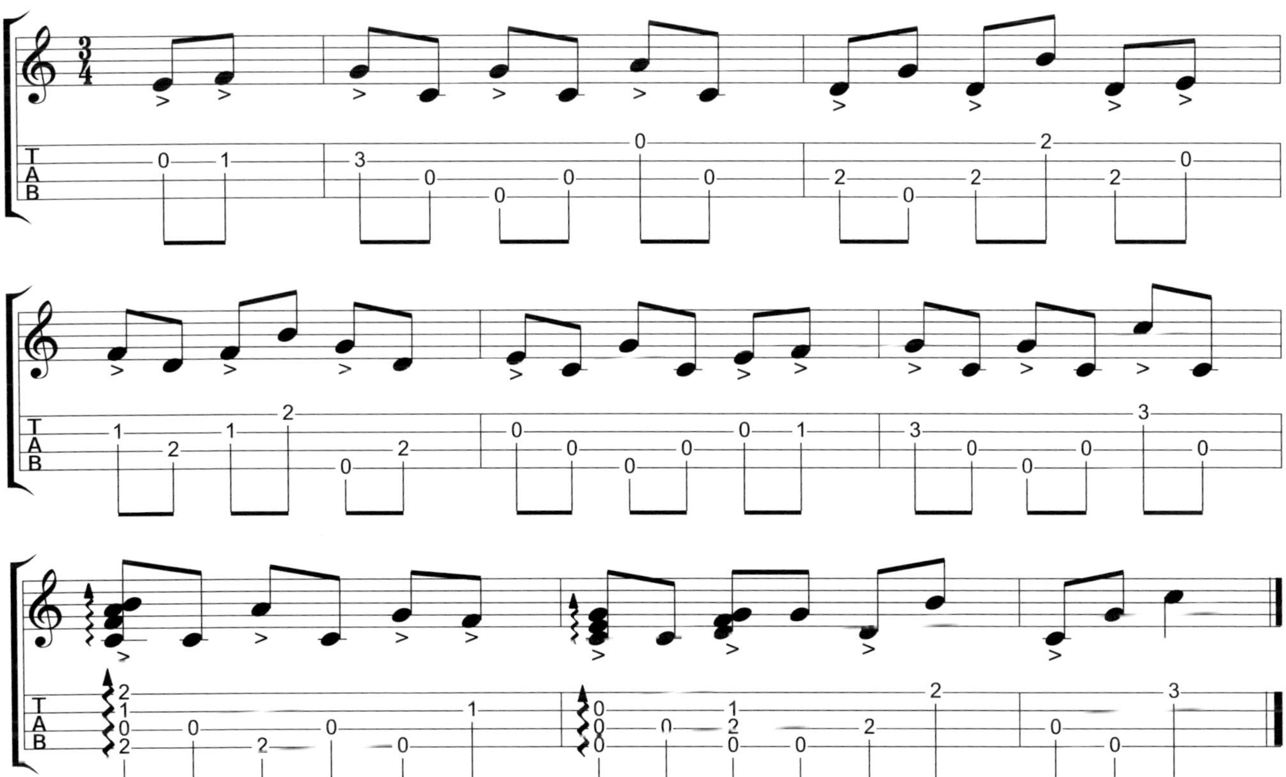

2. Stimme

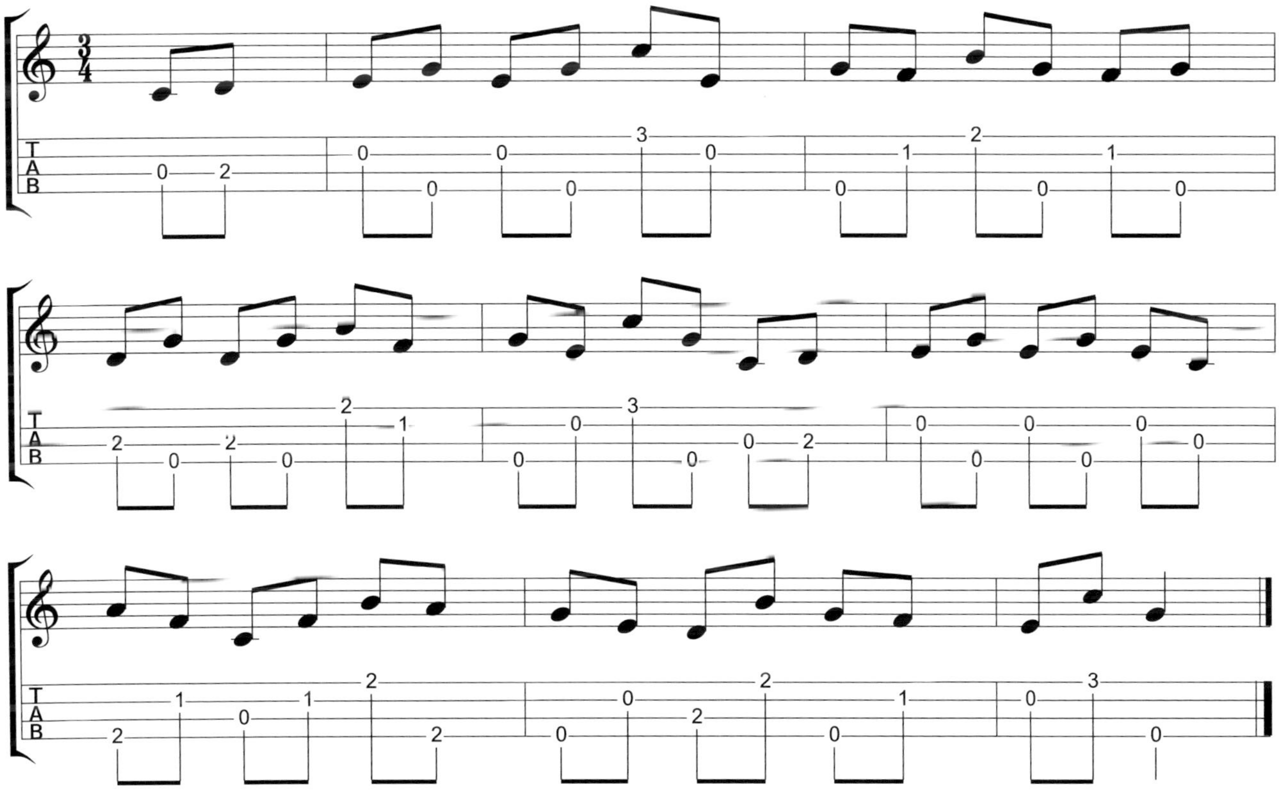

Melodie: unbekannter Herkunft; Text: nach Hedwig Haberkorn (1837–1902).

Diese Stimme kann auch zu Melodie und Arrangement auf S. 42 gespielt werden.

Stille Nacht

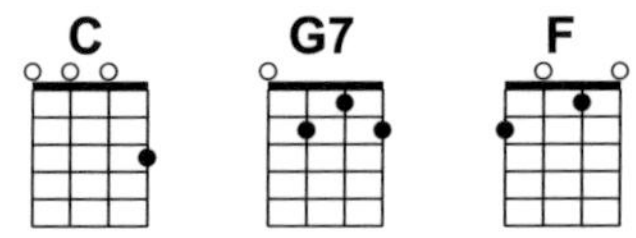

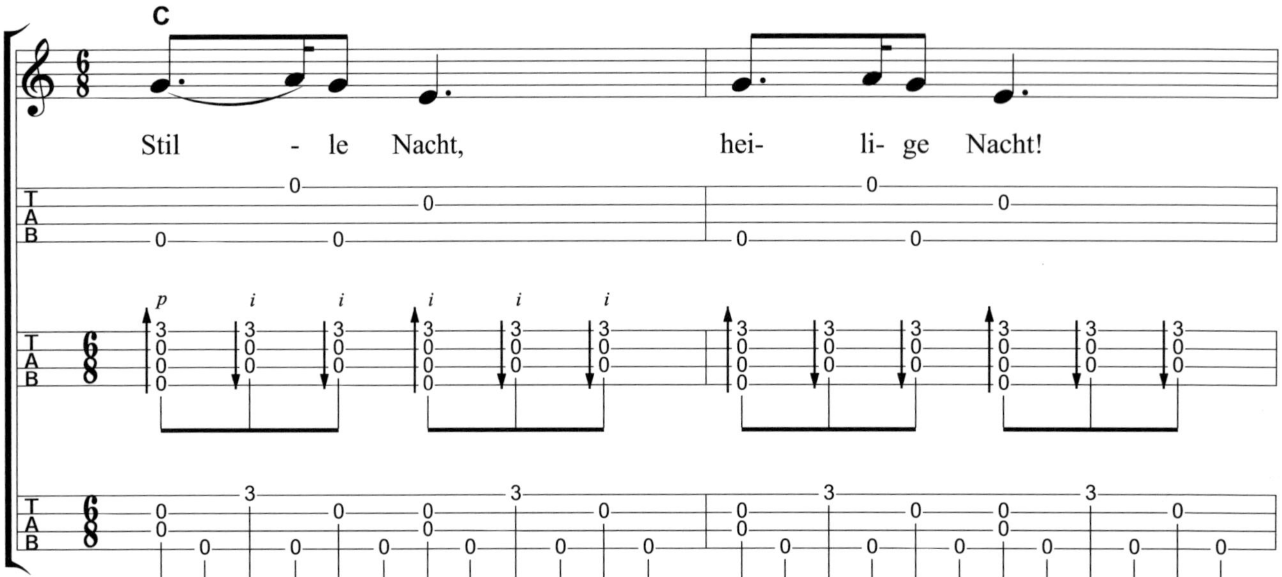

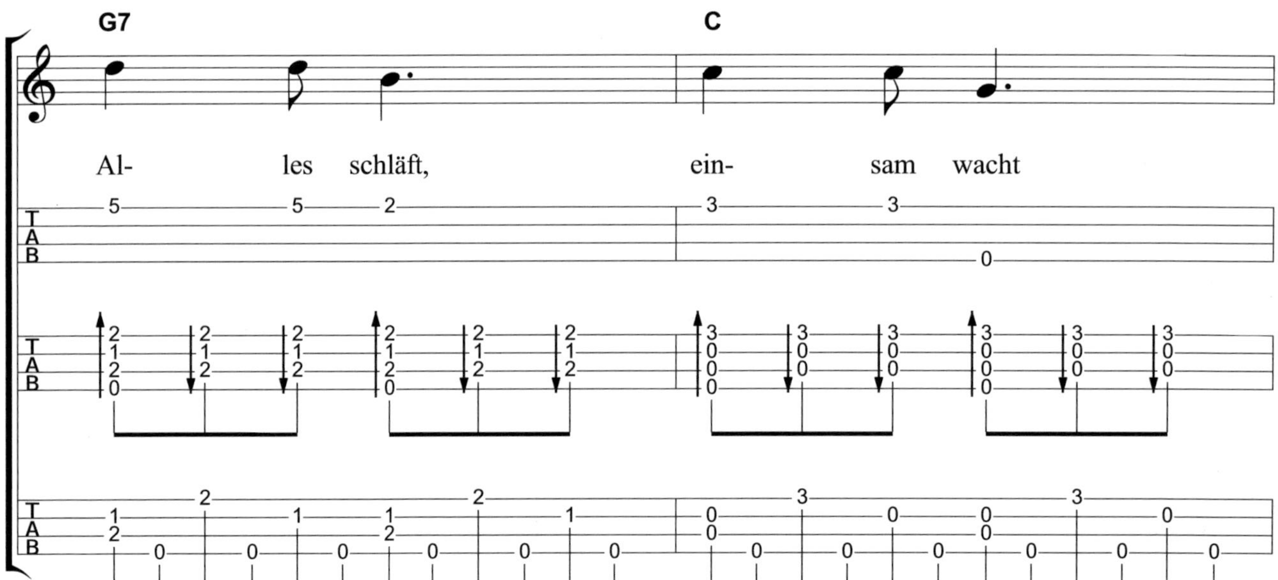

1. Stille Nacht, heilige Nacht!
Alles schläft, einsam wacht
nur das traute hochheilige Paar,
holder Knabe im lockigen Haar,
|: schlaf in himmlischer Ruh! :|

2. Stille Nacht, heilige Nacht!
Hirten erst kundgemacht,
durch der Engel Halleluja
tönt es laut von fern und nah:
|: Christ, der Retter ist da! :|

Fortsetzung auf S. 46

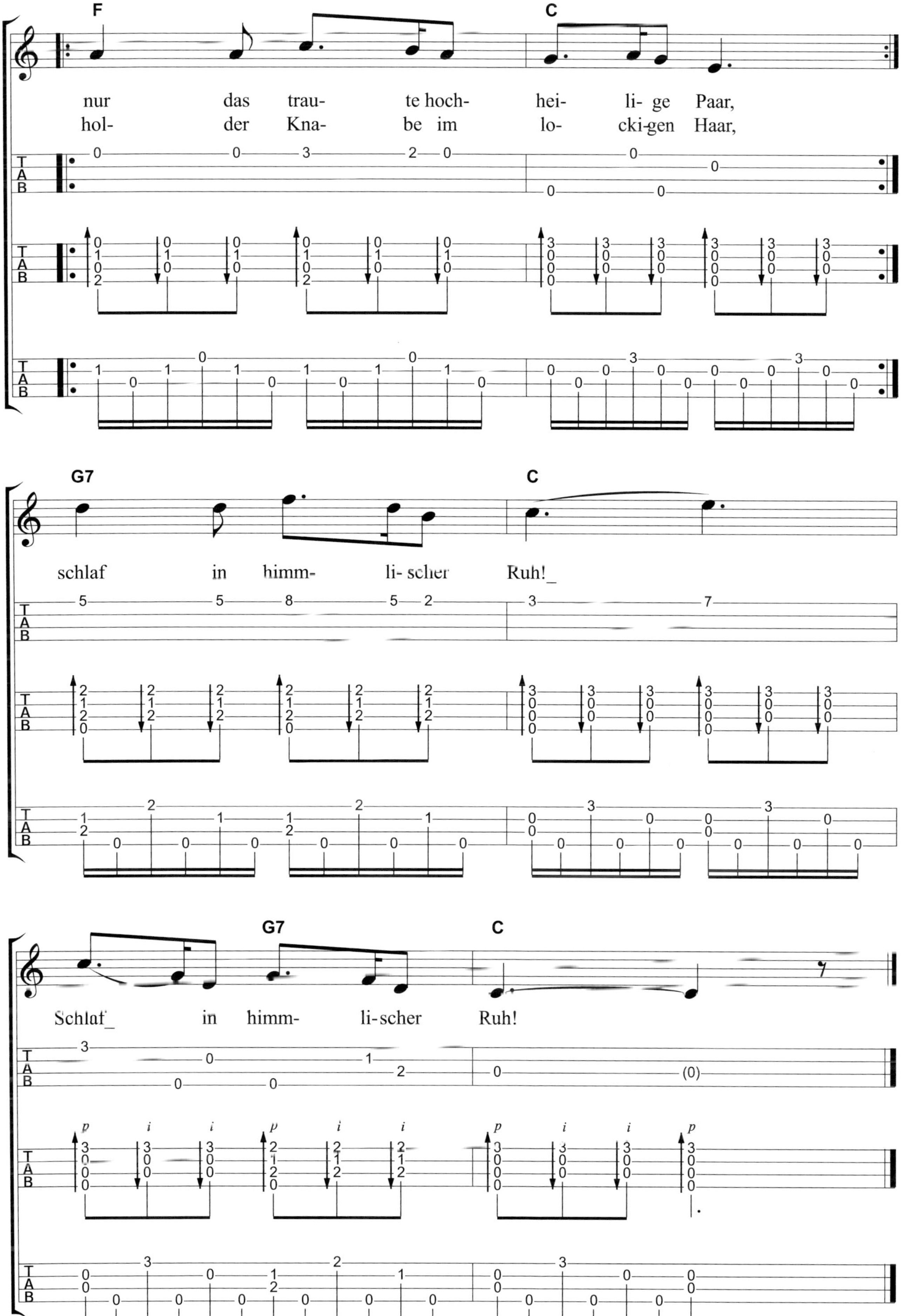
F
C
nur das trau- te hoch- hei- li- ge Paar,
hol- der Kna- be im lo- cki-gen Haar,
G7
C
schlaf in himm- li- scher Ruh!_
G7
C
Schlaf_ in himm- li-scher Ruh!

Stille Nacht

solo / 1. Stimme

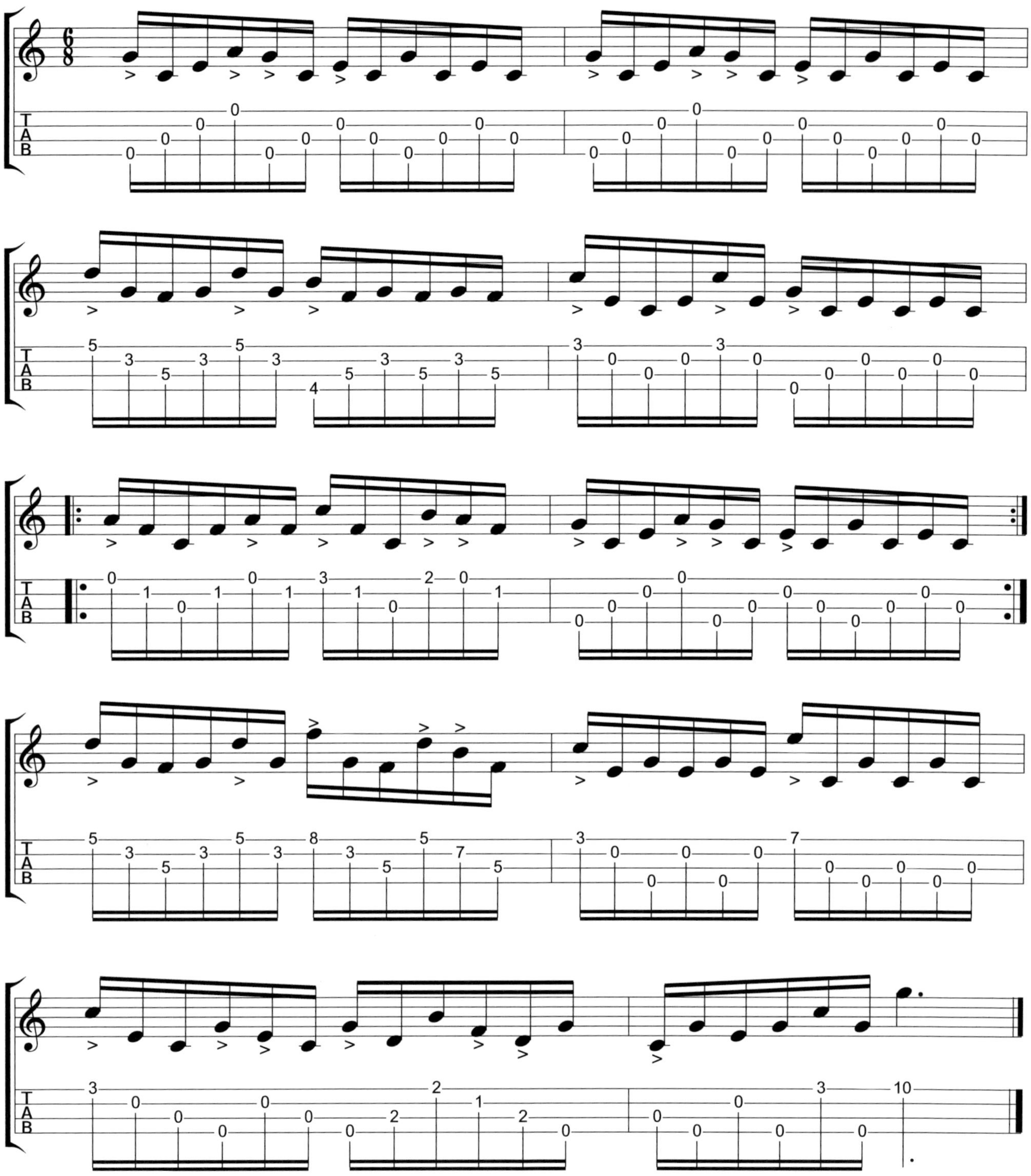

3. Stille Nacht, heilige Nacht!
Gottes Sohn, o wie lacht
Lieb aus deinem göttlichen Mund,
da uns schlägt die rettende Stund,
|: Christ, in deiner Geburt! :|

Melodie: Franz Xaver Gruber (1787–1863), 1818.
Text: Joseph Mohr (1792–1848), 1818.

Stille Nacht

2. Stimme

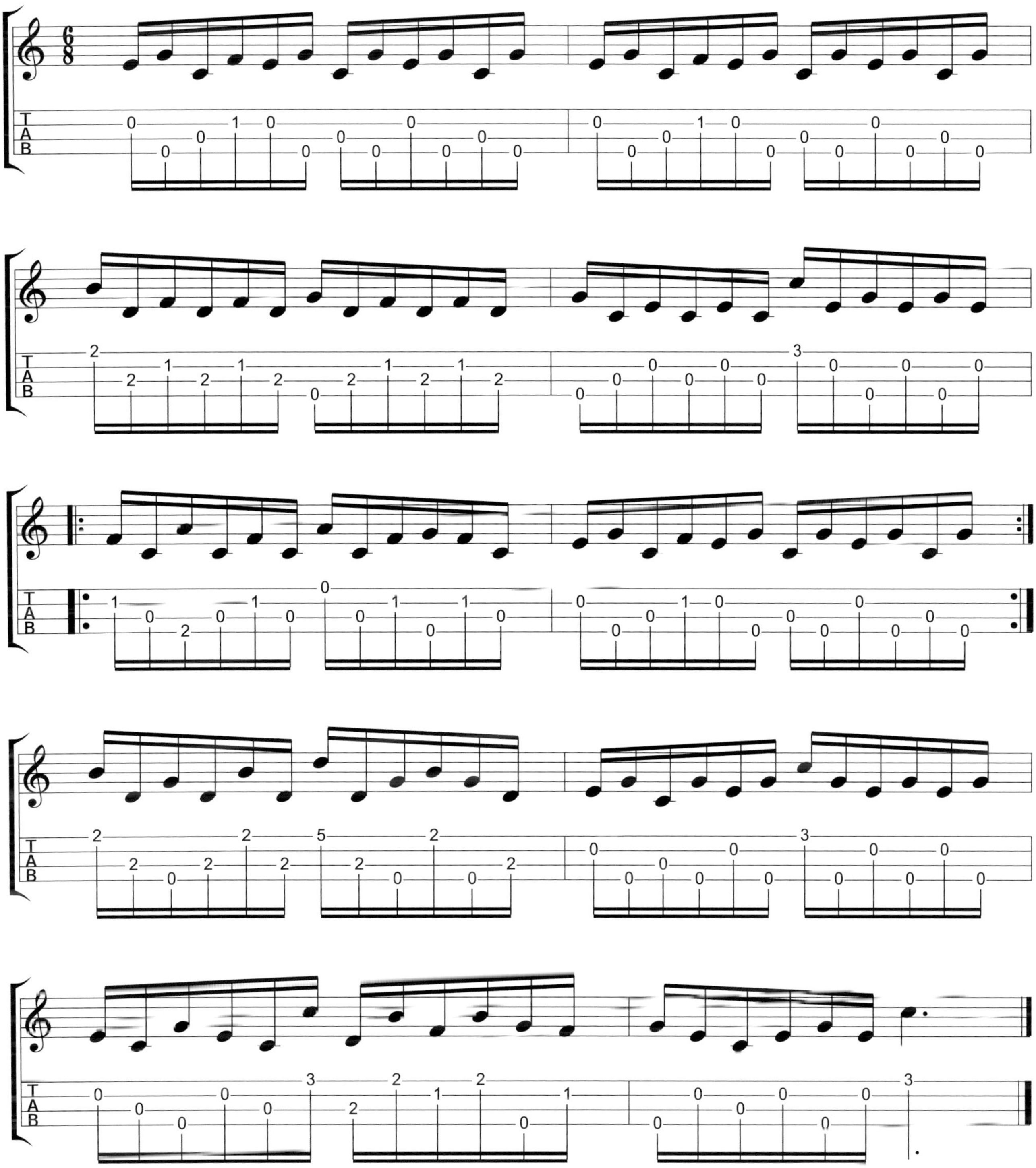

Diese Stimme kann auch zu Melodie und Arrangement auf S. 44-45 gespielt werden.

Akkorde

Die 12 Reihen mit jeweils vier Akkorden (Dur, Dur7, moll, moll7) sind im Kreis gelesen in Quintabständen geordnet.
Das im Deutschen übliche H wurde (wie im ganzen Buch) als B, das deutsche B als B♭ notiert.
Neben den Dur-Akkorden der ♭-Tonarten stehen in Grau ihre »enharmonischen Verwechslungen«: B♭ = A♯ usw.

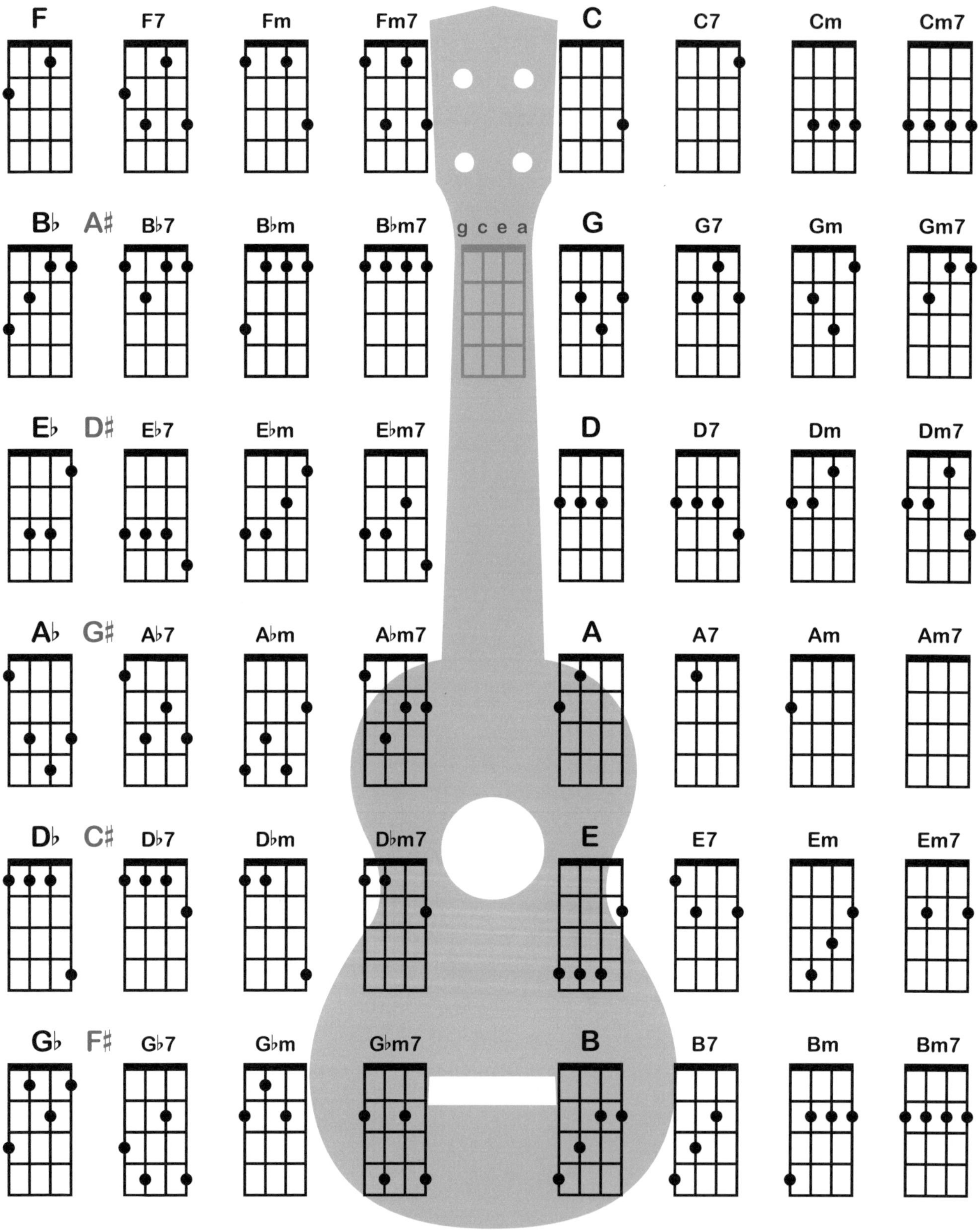